MULHERES
E PODER

HILDETE PEREIRA DE MELO E DÉBORA THOMÉ

MULHERES E PODER

HISTÓRIAS, IDEIAS E INDICADORES

Copyright © 2018 Hildete Pereira de Melo e Débora Thomé

FGV EDITORA
Rua Jornalista Orlando Dantas, 37
22231-010 | Rio de Janeiro, RJ | Brasil
Tels.: 0800-021-7777 | 21-3799-4427
Fax: 21-3799-4430
editora@fgv.br | pedidoseditora@fgv.br
www.fgv.br/editora

Todos os direitos reservados. A reprodução não autorizada desta publicação, no todo ou em parte, constitui violação do copyright (Lei no 9.610/98).

Os conceitos emitidos neste livro são de inteira responsabilidade dos autores.

Impresso no Brasil | *Printed in Brazil*

1ª edição — 2018; 1ª reimpressão — 2018; 2ª reimpressão — 2019; 3ª reimpressão — 2021; 4ª reimpressão — 2025.

Preparação de originais: Camilla Savioa
Revisão: Fatima Caroni
Projeto gráfico, diagramação: Mari Taboada
Capa: André Castro

Ficha catalográfica elaborada pela Biblioteca Mario Henrique Simonsen/FGV

Melo, Hildete Pereira de

Mulheres e poder: histórias, ideias e indicadores / Hildete Pereira de Melo, Débora Thomé. – Rio de Janeiro: FGV Editora, 2018.
192 p.

Inclui bibliografia.
ISBN: 978-85-225-2035-0

1. Mulheres. 2. Mulheres – Condições sociais. 3. Mulheres – História. 4. Feminismo. 5. Direitos das mulheres. I. Thomé, Débora. II. Fundação Getulio Vargas. III. Título.

CDD – 305.42

HILDETE

A Hilda, que me deu a vida

A Irene e Graça, que compartilharam a maternidade comigo

A minha neta Isabela. A minha continuidade

DÉBORA

Às Mulheres Rodadas

SUMÁRIO

Introdução 9

1. Mulheres, poder e feminismos 17

2. As mulheres na história mundial 37

3. Mulheres na história do Brasil 53

4. As mulheres e a demografia 75

5. As mulheres e a educação 93

6. As mulheres e o mundo do trabalho 107

7. Mulheres e política 127

8. Políticas públicas e legislação 149

Conclusão 173

Referências bibliográficas 179
As autoras 191

INTRODUÇÃO

Este livro nasceu em um curso de que participamos como coordenadora e professora. Enquanto preparávamos um imenso material que seria ensinado a 900 futuras candidatas a vereadora e prefeita, percebemos como havia diversas informações sobre as mulheres pouco sistematizadas e que eram de fundamental conhecimento para quem estava chegando ao tema ou nele se aprofundando. Entender onde se encontram as brechas de gênero que mantêm as mulheres longe das esferas de poder é um passo fundamental para começar a mudança. E, aqui nestas páginas, falaremos de poder não apenas político, mas na sua forma mais abrangente, seja nos direitos básicos, como a segurança, no acesso a salários equiparados no mercado de trabalho, ou mesmo o poder para uma mais equânime divisão do trabalho doméstico, o trabalho não pago, predominantemente executado pelas mulheres.

A segunda década do século XXI recolocou o ativismo das mulheres, com força e garra, nas ruas, nas universidades, nas performances, na organização de coletivos. Isso ocorreu não apenas no Brasil, como também em muitos outros países. A cidadania feminina passou a ser vista como um ponto fundamental de garantia de uma democracia efetiva.

Entre outros motivos, uma das razões para esse novo despertar se deu porque, apesar dos avanços na educação e no trabalho, nos estudos sobre as razões das discriminações de sexo, raça e identidades, persistem as evidências da desigualdade no mercado de trabalho e na família e a violência contra as mulheres. As mulheres fizeram a sua parte, entretanto não receberam em troca uma recompensa à altura de seus avanços.

Novas gerações de mulheres, depois de 2010, ganharam as ruas, invadiram campus universitários e os espaços das mídias sociais para protestar contra as atitudes machistas, o assédio, os estupros, os assassinatos por familiares e parceiros, pela descriminalização do aborto, além de reivindicarem políticas públicas para as mulheres, com viés de gênero e direitos iguais.

Há 20 anos, apesar do esforço das feministas para manter de pé pautas ainda prementes na sociedade brasileira, tais reivindicações encontravam pouco eco entre as mais novas. Se fosse há duas décadas, este livro ainda teria razão de existir, mas talvez ele não fosse encarado assim pela maioria das jovens. Os temas de interesse eram outros. Porém o que se viu nos últimos anos, com movimentos como o "Fora Cunha", o #meuprimeiroassedio ou o #metoo, foi um fortalecimento das mulheres como sujeitas que requerem seus direitos, assim como se posicionam como agentes da mudança.

Este livro, portanto, tenta reunir uma série de dados que levam ao estado da arte das discussões sobre mulheres e poder no Brasil e no mundo hoje. Ele traz informações de fontes bastante diferentes, olhares diversos, que passam não apenas por autoras feministas (mas também por elas). Nossa intenção – se é possível a nós, autoras, termos alguma – é apresentar a maior quantidade de dados contextualizados para que você, leitora, leitor, possa entrar neste debate de uma maneira mais informada. O conhecimento será sempre parte fundamental da transformação. Se quiser se aprofundar, as referências bibliográficas contêm livros e artigos canônicos e conjunturais para entender melhor os debates que aqui apresentamos.

Para que se tenha ideia do que vem adiante, o primeiro capítulo começa com uma discussão sobre os diferentes conceitos do feminismo. Em um mundo tão variado, são também muitos os feminismos e os diversos entendimentos sobre o papel das mulheres na sua própria luta. Reconhecemos que muitas dessas visões foram forjadas dentro das academias norte-americana e europeia, o que limita uma leitura mais internacional e pós-colonial, mas elas são, até hoje, as mais consolidadas no campo feminista. Apresentamos também uma discussão breve sobre o conceito de gênero, que tanto vem causando ruído no cenário atual.

A história das mulheres no mundo é contada a partir do segundo capítulo. Privadas dos espaços públicos, elas se viram confinadas em suas casas, responsáveis pelos cuidados de maridos, filhos, familiares. Ainda que pudessem ser bastante produtivas, eram mantidas escondidas atrás de cadeados, manicômios, prisões ou mesmo pseudônimos, já que muitas não podiam expressar de forma contundente suas ideias e opiniões. Esse papel alijado dos holofotes nada tem de novo na história do mundo, ao contrário, já na Grécia entendiam que a mulher, por não participar de exércitos ou guerras, não era dotada do espírito público, coletivo. A ela, a casa; a eles, a pólis. As revoluções – tais como a francesa ou a russa – vieram modificar um pouco essa realidade, com as mulheres participando ativamente dos levantes. Porém o grande salto se daria mesmo com a conquista do voto feminino, também abordado aqui.

No terceiro capítulo, chegamos à história do Brasil para tratar das primeiras revolucionárias que atuaram no país. Foram elas negras que lutaram por sua liberdade na justiça ou na compra da própria alforria ou mulheres brancas que se organizaram nas ligas abolicionistas. Mulheres essas sobre as quais pouco conhecemos até hoje e que foram as primeiras a atuar de forma intensa para mudar a trajetória do país. Entre as ferramentas de que dispunham estavam ações contínuas na imprensa, fosse com artigos nos jornais mais populares, ou com revistas criadas exclusivamente para defender os direitos das mulheres. Mesmo com tanta atividade, a

República, quando declarada, não deu o direito ao voto feminino e manteve masculina a história do poder no Brasil. Feministas lideradas por Bertha Lutz criaram, então, a Federação pelo Progresso Feminino (FBPF), mas o voto só foi garantido às mulheres durante o governo de Getúlio Vargas, em 1932. As histórias dessas mulheres até sua participação nas campanhas pela anistia no fim da ditadura militar são a parte final desse capítulo. Na época, mobilizaram-se trabalhadoras de fábricas e escritórios, negras, brancas, heterossexuais, lésbicas, acadêmicas, despidas das diferenças, entendendo seu papel de mulheres oprimidas e que desejavam autonomia na sua luta específica em relação aos partidos políticos, aos homens e ao Estado. Elas se fortaleceram em todos os estados brasileiros e foram de enorme presença na Constituinte de 1988.

As mulheres, ainda que sejam a maioria em quase todos os países, são a minoria no mundo. Isso porque na China e na Índia, os dois países mais populosos, houve leis limitantes da natalidade que fizeram com que as famílias – por meios ilegais e grotescos – priorizassem o nascimento de meninos. Sabe-se que nascem geralmente mais meninos que meninas, mas, como os homens morrem mais cedo, as mulheres acabam sobrevivendo e sendo mais numerosas. Esse tema, entre outros do escopo da demografia, como taxa de fecundidade, casamento, migração e morte, é o assunto do quarto capítulo. Nele também contamos como no Brasil hoje, mesmo entre as mulheres de menor renda, a taxa de fecundidade é baixa, assim como ainda há muitas mortes maternas por causas evitáveis; entre elas, o aborto realizado em situação de risco. Também tratamos dos altos índices de gravidez na adolescência, o que prejudica principalmente as moças jovens (mais do que os rapazes) e a questão dos novos arranjos familiares.

A educação e o trabalho são o foco dos capítulos 5 e 6. As mulheres, hoje com mais anos de estudos em média que os homens e com mais titulações anualmente de mestrado e doutorado, continuam com uma enorme dificuldade de converter esse esforço em salários e postos melhores em suas carreiras. As ciências exatas permanecem um campo obscuro para as mulheres. De fato, aumentou a presença, mas não na intensidade que se possa esperar. Um exemplo curioso que reflete essa ausência: entre os quase 900 ganhadores do Prêmio Nobel no decorrer de sua história, apenas 48 eram mulheres. A ciência é branca e masculina.

No capítulo do trabalho, tratamos tanto do trabalho pago quanto do não pago, o trabalho reprodutivo e do cuidado, porque, sim, ele também é de fundamental relevância e ocupa o tempo e a produção da maioria das mulheres durante toda a sua vida.

Durante o século XX, aumentou muito a ida das mulheres como um todo[1] para o mercado de trabalho remunerado, mas, ainda que tenha crescido de forma intensa, não foi proporcional às mudanças ocorridas no mundo da economia. A industrialização foi muito mais intensa que o aumento das mulheres absorvidas pelas esferas de produção remunerada. Com a virada da educação e a queda da taxa de fecundidade (entre outros motivos, ajudada pelo advento da pílula anticoncepcional), as brasileiras então, a partir dos anos 1970, passaram a ter incrementos mais substantivos na sua participação no mercado de trabalho.

No entanto, não foi vencido um dos maiores desafios do nosso tempo, a articulação entre família e o mundo do trabalho fora de casa. Continuamos reféns da efetivação de políticas que eliminem as desigualdades e discriminações nos ambientes de trabalho. Nesse capítulo discute-se o que foram estes avanços e permanências. Reitera-se a luta centenária pela igualdade salarial, a denúncia da

---

[1] As mulheres negras já vinham no Brasil trabalhando compulsoriamente desde sua chegada da África ou nascimento aqui, escravizadas. Posteriormente, também seguiram no mercado de trabalho, uma vez que precisavam garantir o sustento de seus filhos e filhas.

má qualidade da ocupação laboral das mulheres, que continuam em atividades precárias e informais. Conclui-se que o "bônus" da maior escolaridade ainda não se converteu em remunerações iguais: somos no século XXI mais educadas, mas continuamos mais pobres. Claro que os diplomas universitários possibilitaram acesso a carreiras antes vedadas a nós, a postos de chefia, mas ainda estamos longe da igualdade com os homens. Temos uma jornada de trabalho maior que a masculina quando se agregam os tempos de trabalho dedicados à produção dos bens e serviços mercantis e os afazeres domésticos, tarefas que por "amor" (ou seja, sem remuneração) prestamos à família. Na segunda década do novo milênio, sentimo-nos aptas a realizar todos os trabalhos que os homens fazem, mas eles resistem a assumir as tarefas domésticas.

Na trajetória do livro, saímos do mundo do trabalho e seguimos rumo ao mundo da política. No Brasil, apesar de o direito das mulheres votarem e serem votadas ser um fato desde 1932, apenas 10% da representação é feminina, seja nas prefeituras ou no Legislativo nacional. O país é o pior entre os seus vizinhos latino-americanos e caribenhos neste quesito, atrás apenas do Haiti. É um dos piores também do mundo em representação feminina, isso apesar de ter caraterísticas que costumam ajudar as mulheres a alcançarem cargos eletivos, como o voto proporcional e as cotas de 30% para mulheres nas eleições para o Legislativo. A história das cotas, aliás, também é abordada no capítulo 7, afinal elas foram consideradas uma inovação, com enorme possibilidade de sucesso, mas, no decorrer do processo, foram absorvidas e diluídas por um sistema dominado por "caciques partidários", que mantêm as mulheres bem longe do poder político. As pioneiras representantes do Brasil e as presidentas latino-americanas são mais um ponto desta história.

Por fim, o último capítulo trata das políticas públicas e da legislação com atenção específica às mulheres, pontos fundamentais nos esforços para transformar a realidade. Falamos da criação dos conselhos dos direitos das mulheres (nacional, estaduais e municipais), um plano que se iniciou com o sonho da feminista Bertha Lutz no desempenho do seu curto mandato de deputada federal entre 1936 e 1937. Isso acabou modificando as políticas públicas com vistas à atenção às necessidades específicas das mulheres. As leis, tais como a Maria da Penha e o agravante de feminicídio, entraram duramente para tentar diminuir os índices de violência contra mulher no país, onde, diariamente, 11 mulheres são mortas por seus companheiros, ex-companheiros ou familiares. Outro tema do capítulo são os direitos sexuais e reprodutivos e a luta sem final feliz pelo direito ao aborto no Brasil.

Esperamos que este passeio que você começa agora, por uma história suada, mas com boas notícias, seja bastante informativo e prazeroso. Além disso, que ele abra as portas para muitas outras perguntas e pesquisas que ainda têm de ser feitas no Brasil e no mundo para entender o papel das mulheres nas estruturas de poder.

1. MULHERES, PODER E FEMINISMOS

A LONGA LUTA QUE as mulheres vêm travando nos últimos 200 anos, no combate ao sexismo e ao racismo, foi vivida com vitórias e derrotas. A cientista política Ellen M. Wood (2003) afirma que a sociedade capitalista não depende de identidades, desigualdades ou diferenças formais extraeconômicas para extrair o excedente, ou seja, a exploração de classe acontece na nossa sociedade numa relação entre indivíduos formalmente iguais e livres. As discriminações de gênero e raça não teriam, segundo esse pensamento, status privilegiado na estrutura social capitalista. No entanto, esta conclusão não reflete os fatos ocorridos no decorrer dos últimos 200 anos da sociedade. As discriminações de sexo e raça mancham a história e, no limiar do XXI, ainda permanecem como batalhas a serem vencidas.

A herança discriminatória relativa às mulheres, herdada do passado remoto, persistiu, assim como o racismo engendrado pela escravidão moderna. A luta contra as discriminações de sexo e raça/etnia causadas ou intensificadas pela escravidão e pelo colonialismo é um processo que mulheres, negros, indígenas, entre outros grupos vivem há séculos. Ela é agravada quando há a combinação de vários fatores como é o caso, por exemplo, da mulher negra. Da observação da cientista política Ellen M. Wood, fica o travo de que a subordinação feminina, patriarcado, sexismo, racismo são questões mais enraizadas no tecido social que a mera noção de classe não dá conta sozinha (MacKinnon, 2016).

Para a construção deste capítulo vamos partir desta constatação e apresentar uma evolução dos conceitos discutidos pelo pensamento feminista a partir da segunda metade do século XX. Trata-se da construção dos conceitos sobre as formulações teóricas do campo disciplinar dos estudos das mulheres e das relações de gênero. O grande ativismo feminista, a luta contra o racismo e por novas identidades foram responsáveis pelo avanço de novas formulações teóricas. Concomitante com os movimentos negros, o de mulheres e o movimento LGBT emergiram no novo espaço político no final dos anos 1960: europeias e norte-americanas rapidamente "incendiaram" campus universitários e ruas foram invadidas por milhares delas, que denunciavam a persistente dominação masculina. Reconhecemos, portanto, que parte das formulações teóricas vem das escolas dos Estados Unidos e da Europa. Apenas mais recentemente mulheres de outros espaços geopolíticos que, sim, produziram reflexões sobre a condição das mulheres nesses lugares, têm sido ouvidas nas demais regiões. No Brasil, vivíamos anos sombrios e só com a convocatória da Organização das Nações Unidas (ONU) para a realização da I Conferência Internacional da Mulher, em 1975, esta onda feminista conseguiu chegar ao país.

Mesmo com todo o preconceito que essas ideias engendravam, as novas feministas dos anos 1970 não se amedrontaram e, ainda que timidamente, passaram a denunciar de forma mais permanente o machismo reinante no Brasil. Muitos que lutavam pela volta da democracia insistiam que a batalha feminista dividia a resistência contra a ditadura militar, além de escamotear a luta de classe. As mulheres seguiram em frente.

Mas, o que tinha – e tem – o feminismo para provocar tantas paixões e polêmicas?

O que é feminismo?

A ideia de feminismo se inicia na expressão da sexualidade organizada em dois sexos – homem e mulher –, uma divisão que permeia as relações sociais. Feminismo é uma teoria sobre o poder e sua distribuição desigual nas sociedades humanas (MacKinnon, 2016). Assim, o feminismo compreende movimentos políticos e sociais que pretendem construir direitos iguais para os seres humanos na sociedade. São teorias e filosofias que pregam a igualdade entre homens e mulheres, além de promover a construção dos direitos das mulheres. Ou de uma percepção coletiva das mulheres de que existe uma opressão, dominação e exploração de que foram e são objetos de sujeição por parte dos homens.

Durante os séculos da história social do Ocidente, livros, pinturas e discursos foram produzidos a fim de forjar e ilustrar a tal desigualdade entre homens e mulheres, que passou a ser naturalizada, por conta desse atravessamento cultural. Muitas das mitologias e religiões sacramentaram a inferioridade feminina por meio da construção da narrativa de que as mulheres foram as causadoras da desgraça humana: Eva, Pandora e Helena de Troia, entre outras, são exemplos da construção desse mito. A história, escrita pelos homens, reduziu as mulheres a muito pouco: elas não falam e os homens falam por elas.

O texto fundador do feminismo do século XX foi *O segundo sexo*, de Simone de Beauvoir (1949), no entanto há várias abordagens e teorias que diferenciam o feminismo de outras correntes de pensamento político e social. Os "feminismos" representam um conjunto de movimentos políticos, sociais, filosofias que almejam a construção de direitos iguais por meio do fortalecimento das mulheres e da libertação dessas da opressão masculina lastreadas pelas normas das relações de gênero. A partir da vivência desses movimentos do século XIX ao XXI emergiram várias teorias feministas, as quais se expressam em diferentes disciplinas tais como antropologia, sociologia, ciência política, história, filosofia, economia ou direito, nos vários campos disciplinares científicos.

A partir do século XX, as reivindicações das ativistas feministas da Europa e da América do Norte avançaram por muitas partes do mundo. Houve campanhas pelos direitos das mulheres de votar e ser votada, de ter propriedades e contratos, autonomia econômica e os direitos trabalhistas, salários equiparados, licença-maternidade, direitos sobre o próprio corpo, direitos sexuais e reprodutivos (incluindo a luta pela descriminalização do aborto), proteção contra a violência doméstica, o assédio sexual e o estupro. Além de um combate diuturno a todas as formas de discriminação. Essas demandas foram amortecidas no decorrer do século XX e, nos anos 1960, explodiram dramaticamente, no rastro da luta dos negros e negras pelos direitos civis nos EUA e sacudidos violentamente pelas revoltas estudantis de 1968.

As várias correntes feministas

As feministas liberais

A partir dos princípios do Iluminismo, mulheres com educação formal atreveram-se a disputar espaço científico, e obras clássicas foram escritas por diversas pensadoras no final do século XVIII e início do XIX. A pioneira foi Mary Wollstonecraft (1759-1792), que lançou as bases do feminismo moderno. A filósofa Harriet Taylor Mill (1807-1858) e a ativista Elizabeth Cady Stanton (1815-1902) lutaram pelos direitos das mulheres nos cânones da filosofia liberal. Esta linha analítica foi ardorosamente defendida por John Stuart Mill (1806-1873), um dos mais influentes pensadores do século XIX e primeiro homem que advogou em prol da igualdade feminina nas democracias modernas.[2] O feminismo liberal sustenta que homens e mulheres são iguais uns aos outros e, como tal, merecem direitos iguais. Portanto, para muitas pessoas, esta perspectiva limita-se a aludir que o "feminismo significa apenas direitos iguais".

Ao contrário de outras formas de feminismo, o feminismo liberal é mais concentrado no indivíduo e em suas ações (menos baseado na ideia de grupo): homens e mulheres merecem direitos e oportunidades iguais, porque ambos são indivíduos. Os direitos devem ser, assim, concedidos a indivíduos, não a gêneros ou grupos.

Uma das grandes expressões dessa corrente, já na segunda metade do século XX, foi a escritora norte-americana Betty Friedan (1921-2006), que desempenhou um papel fundamental na reativação do movimento feminista norte-americano, a partir da publicação de *A mística feminina*, em 1963. Este livro incendiou a sociedade americana ao denunciar "o mal sem nome". O texto referia-se às frustrações das mulheres educadas de classe média, confinadas à domesticidade dos seus lares, retratadas fielmente pelas comédias e seriados hollywoodianos como o famoso *A feiticeira*, transmitido de 1964 a 1972. Nele, a personagem principal, Samantha, era uma dona de casa que não resistia a usar seus poderes mágicos no cuidado da casa e, sobretudo, para facilitar a carreira do marido. Em outro seriado similar, *Jeannie é um gênio*, em cartaz de 1965 a 1970 nos EUA, a história louvava o amor e a submissão feminina, assim como a dedicação da mulher ao parceiro. Os dois seriados foram exportados para muitos países, enquanto Betty Friedan foi muito criticada, pois a acusavam de apenas estar retratando a realidade de uma mulher de classe média branca.

---

[2] Mary Wollstonecraft escreveu provavelmente o primeiro livro feminista da história, em 1792, intitulado *A Vindication of the Rights of Women* (*A reivindicação dos direitos da mulher*). Stuart Mill, um dos maiores economistas e filósofos do século XIX, publicou, em 1869, *A sujeição da mulher*, um libelo que denunciava a desigualdade reinante na sociedade.

Friedan, em 1966, fundou e foi a primeira presidenta da National Organization for Women (Now), organização criada para combater o sexismo e defender a igualdade no mercado de trabalho e o acesso à contracepção. Essas bandeiras aglutinaram milhares de mulheres pelo país afora. As feministas liberais tinham como um dos principais problemas a exclusão das mulheres do espaço político e propunham a entrada feminina no mercado de trabalho. Uma das principais consignas que as definiam, criada por Carol Hanisch (hoje feminista radical), era "o pessoal é político". A frase se refere à politização da esfera privada e das relações de poder dentro da casa, trazendo para o aspecto coletivo questões tais como divisão sexual do trabalho ou violência doméstica. A expressão é adotada pelas feministas até hoje.

As feministas radicais

Emergem como dissidência das liberais desencantadas com as contradições da sociedade norte-americana no final dos anos 1960. Os Estados Unidos, naquele momento, apesar da universalização dos princípios liberais, eram uma sociedade de classe racista e imperialista. Oriundas do movimento estudantil, antirracista e pacifista, essas jovens afirmavam que os homens oprimem as mulheres de forma sistêmica, dando origem a uma dominação patriarcal estrutural. A teoria do patriarcado define que os homens são superiores e sua ferramenta de opressão é o sexismo, que enfatiza o privilégio masculino como as bases das relações sociais vigentes.

O feminismo radical cria uma teoria política e social da opressão das mulheres e busca olhar para as raízes dessa opressão exercida pelo sistema patriarcal. Conclui que as mulheres foram o primeiro grupo oprimido da sociedade humana e que esta opressão está presente em todas as sociedades humanas. O poder do patriarcado está na raiz da violência e do abuso sexual que ameaça as mulheres desde sempre.

Esta corrente tem nas escritoras Kate Millet (1934-2017) e Shulamith Firestone (1945–2012) suas primeiras grandes expoentes. As duas lançaram, no mesmo ano, dois livros que se tornaram muito conhecidos. Kate Millet publicou sua tese de doutorado na Universidade de Colúmbia com o título de *Política sexual*, na qual discorre sobre a política patriarcal do controle da sexualidade feminina, e Shulamith Firestone, *Dialética do sexo: o caso da revolução feminista*, livro no qual discute o patriarcado nos sistemas de Freud, Reich, Marx, Engels e Simone de Beauvoir. As duas discutiam os condicionantes culturais das relações entre mulheres e homens a partir da história, da psicanálise e da literatura. Foram obras fundamentais na difusão do pensamento feminista radical e significativas para a difusão do movimento de libertação das mulheres nos EUA.

Para as feministas radicais, a prostituição, a pornografia e os anúncios que utilizam os corpos femininos como objetos sexuais não são, portanto, decisões que podem ser deixadas à escolha individual de cada ser humano, pois elas são fruto de um sistema de poder patriarcal. As mulheres devem resistir contra a exacerbação da sexualidade feminina e denunciá-la como forma de opressão masculina. Analisam o patriarcado como um sistema de valores universal que se apresenta de diversas formas e que subordina as mulheres até os dias atuais.

Nascido nos EUA, o feminismo radical chegou rapidamente na Europa e na França e teve na construção dos direitos sexuais e reprodutivos um dos seus focos de luta.

As feministas radicais tiveram um grande significado na difusão das ideias feministas, como também por meio dos grupos de reflexão, sem hierarquia e horizontal. Nesses pequenos grupos, discutiam suas vidas, estudavam e se organizavam para desenvolver trabalhos e manifestações.

Nos dias atuais, suas bandeiras são bastante relacionadas ao combate à prostituição e à pornografia; assim como combatem a ideia de gênero, defendendo que a constituição da mulher está relacionada ao seu determinante de sexo. Por isso também não reconhecem como uma luta das mulheres os pleitos das transgêneros.

As feministas marxistas

A tradição marxista e a luta de classe arrastaram mulheres para essa vertente. Ainda no século XIX, os escritos marxistas de Marx, Engels, Bebel, Lafargue, Lenin afirmavam que as mulheres são oprimidas durante a história. Essas análises do modo de produção capitalista mostravam que o capitalismo é organizado de forma a favorecer o domínio dos homens sobre as mulheres. Logo, a emancipação das mulheres só poderá acontecer com a mudança nas relações de produção, uma vez que, sob o capitalismo, elas estão estruturadas de forma a contar com o trabalho não assalariado das mulheres no lar para a reprodução da vida. Nesse sentido, apresentam soluções coletivas – e não individuais – que se tornaram políticas públicas importantes na URSS e também nos Estados de Bem-Estar europeus. A subordinação feminina foi reconhecida por todos os grandes pensadores socialistas e faz parte do movimento revolucionário internacional. A vitória da Revolução Russa em 1917 fez avançar a luta das mulheres socialistas em todo o mundo e Leon Trótski escrevia: "A Revolução de Outubro inscreveu em sua bandeira a emancipação da mulher e produziu a legislação mais progressista na história do matrimônio e a família" (Goldman, 2014). O discurso de Alexandra Kollontai, primeira mulher a ocupar um cargo ministerial no Estado (ver boxe), atravessou fronteiras, e a ebulição já existente feita pelas feministas liberais, pelo direito ao voto universal, ampliou-se e se propagou no seio do movimento socialista. Até os dias atuais, as feministas marxistas atuam, em escala mundial, pela conquista plena da libertação das mulheres.

Ao contrário das feministas radicais, que veem o patriarcado como a fonte da desigualdade de gênero, as feministas marxistas afirmam que capitalismo é a sua causa. No esteio da virada feminista dos anos 1960 e 1970, os escritos de Juliet Mitchell (1940-), particularmente o ensaio "Mulheres, a revolução mais longa", foram difundidos pelas novas gerações daquelas décadas. Mitchel afirmava que "a situação das mulheres é diferente da de qualquer outro grupo social. Isso porque não se constituem em uma unidade de um número de unidades que podem ser isoladas, mas são metade de uma totalidade, a espécie humana. As mulheres são essenciais e insubstituíveis, não podem, por esta razão, ser exploradas da mesma maneira que outros grupos sociais... Dentro do mundo dos homens, sua posição é comparável à de uma minoria oprimida, mas elas também existem fora do mundo dos homens".

A repercussão dos seus escritos ajudou as novas gerações a constatarem que as estruturas das economias capitalistas obrigam as mulheres a assumir a responsabilidade por tarefas domésticas não remuneradas (afazeres domésticos, cuidados com crianças, idosos e doentes), deixando os homens livres dos cuidados com a reprodução da vida e voltados integralmente para as atividades mercantis relacionadas a produção material dos bens e serviços.

As feministas culturais

Emergem nos anos 1990 a partir dos temas culturais mais amplos que interessam não somente às mulheres, lutam pela libertação da sexualidade. Em geral, entendem que as mulheres, da mesma maneira que outros grupos sociais, têm muitas diferenças entre si e em relação aos homens. Recorrem à ideia de um essencialismo, ou seja, as mulheres, por serem voltadas para as questões da reprodução humana, acabam tendo características relacionadas a esse aspecto. Por exemplo, são mais dóceis e menos violentas.

CAMARADAS TRABALHADORAS,

"Por longos séculos a mulher não teve liberdade e direitos, pois era tratada como um mero apêndice, como a sombra do homem. O marido sustentava a esposa e, em troca, ela se curvava ao seu arbítrio, suportando quieta a falta de justiça e a servidão familiar e doméstica. A Revolução de Outubro emancipou a mulher: hoje as camponesas têm o mesmo direito que os camponeses, e as operárias têm o mesmo direito que os operários. Em todo lugar a mulher pode votar, ser membro dos sovietes, ou comissária, até comissária do povo! A lei equipara a mulher em direitos, mas a realidade ainda não as libertou: operárias e camponesas continuam sujeitas ao trabalho doméstico, como escravas na própria família. Os operários devem agora cuidar para que a realidade tire dos ombros delas o fardo da lida com os filhos e alivie o peso dos serviços de casa às operárias e camponesas. A classe operária também está interessada em liberar a mulheres nessas esferas. Os operários devem entender que a mulher é tão integrada à família quanto eles mesmos, pois trabalha nas mesmas condições que o homem fora de casa. Um terço das riquezas da Terra surge das mãos de mulheres; a Europa e a América contam com 70 milhões de operárias. Numa sociedade comunista, mulher e homem devem ter direitos iguais, sem essa igualdade não existe comunismo. Então, mãos à obra, camaradas trabalhadoras! Iniciem sua emancipação! Construam creches e maternidades, ajudem os sovietes a criar refeitórios públicos, ajudem o Partido Comunista a criar uma nova e radiosa realidade. Tomem lugar nas fileiras de todos os que lutam pelos trabalhadores, pela igualdade, pela liberdade dos filhos de vocês. Tomem lugar, operárias e camponesas, sob a bandeira vermelha revolucionária do vitorioso comunismo mundial!"[3]

---

[3] Gravação do discurso de Alexandra Kollontai, disponível no Youtube. Tradução livre a partir do inglês de Cintia Rodrigues, abril de 2017.

As feministas culturais procuram celebrar essas qualidades, que acreditam ter sido reprimidas pelos homens. Acreditam que tanto os homens quanto as mulheres são prejudicados pela sociedade contemporânea dominada pelo poder masculino, o qual é dominado pela concorrência e pelo conflito. De acordo com a visão desse grupo, se as mulheres obtivessem mais poder, haveria menos violência, menos guerras e mais compreensão no mundo.

Construir uma sociedade tolerante e diversa é a meta dessa corrente do feminismo contemporâneo. Ao incorporar tanto as perspectivas das mulheres quanto também as relativas às questões de identidade raciais e sexuais, suas propostas expandiram-se nas últimas décadas. Também o deslocamento do foco das questões econômicas para as culturais colocou, na última década, mais ênfase na luta pela justiça social. Num mundo globalizado, em que as demandas femininas são praticamente ignoradas pelas instituições, a demanda não se limita a exigir apenas voz política, mas também reconhecimento e redistribuição por meio de uma abordagem transversal das instituições políticas (Fraser, 2007).

As feministas negras

Ainda que as lutas das mulheres negras no Ocidente remontem aos séculos de opressão durante os anos de escravidão, um dos marcos da sua visibilização foi o célebre discurso de Sojourner Truth (1797-1883), intitulado "E eu não sou uma mulher?", pronunciado em 1851 na Conferência dos Direitos da Mulher em Akron, Ohio, nos Estados Unidos. A partir daquele momento, as mulheres negras norte-americanas reforçaram suas ideias e abraçaram novas propostas para a luta das mulheres (Davis, 2016). Uma das grandes diferenças entre as feministas negras e brancas norte-americanas eclodiu durante as campanhas sufragistas, uma vez que apenas homens e brancos podiam votar. A questão que mais

> **"E EU NÃO SOU UMA MULHER?"**
>
> Olhe para mim! Olhe para o meu braço! ... Arei a terra, plantei, enchi os celeiros, e nenhum homem podia se igualar a mim! Não sou eu uma mulher? Eu podia trabalhar tanto e comer tanto quanto um homem – quando eu conseguia comida – e aguentávamos o chicote da mesma forma! Não sou eu uma mulher? Dei à luz a 13 crianças e vi a maioria ser vendida como escrava e, quando chorei em meu sofrimento de mãe, ninguém, exceto Jesus, me ouviu! Não sou eu uma mulher?
>
> Trecho do discurso de Sojourner Truth (Davis, 2016:71)

as dividiu foi a ampliação do sufrágio para os negros antes de sua extensão às mulheres. Algumas sufragistas brancas, por exemplo, eram contra o sufrágio negro sob a alegação de que os homens negros passariam a oprimir, junto com os brancos, as mulheres. Esse racha manteve-se no decorrer da história.

Essas vozes e ações feministas se diversificaram a partir dos anos 1960 com o recrudescimento do movimento pelos direitos civis norte-americanos e do colapso do colonialismo no mundo. A percepção era de que as bandeiras levantadas pelo movimento feminista nacional, composto majoritariamente por mulheres brancas de classe média, preteriam as discussões de recorte racial. As ações e o pensamento feminista invadiram todos os continentes e novas vozes surgiram criticando o feminismo tradicional como etnocêntrico. Além disso, feministas negras, como Angela Davis e a romancista Alice Walker, as duas nascidas em 1944, ganharam popularidade e tiveram suas vozes ampliadas.[4]

---

[4] Alice Walker ganhou o Prêmio Pulitzer de 1983 com o livro *A cor púrpura* (*The color purple*), publicado originalmente em 1982.

No Brasil, uma pioneira do feminismo negro foi Lélia Gonzalez (1935-1994), antropóloga, professora e uma das fundadoras do Movimento Negro Unificado Contra a Discriminação Racial. No país, no decorrer dos anos 1970, ressurgiram os movimentos e associações negras e feministas apontando para o significado da discriminação de gênero e por etnia/raça. Todos faziam propostas para o reconhecimento pleno de seus direitos cidadãos (Seyferth, 1983). No Rio de Janeiro, Lélia, Jurema Batista, nascida em 1957, e outras tantas mulheres negras dos movimentos negros e de favelas fundaram em 1984 o grupo feminista Nzinga – Coletivo de Mulheres Negras. Esse grupo foi combativo e atuante na sociedade, reuniu expressivas mulheres negras feministas e projetou alguns nomes femininos nos espaços políticos.[5]

Lélia questionava o lugar do negro na sociedade brasileira: "No registro que o Brasil tem de si mesmo, o negro tende à condição de invisibilidade" (Gonzalez e Hasenbalg, 1982). Na sua crítica ao feminismo branco, afirmava que "as intelectuais e ativistas tendem a reproduzir a postura do feminismo europeu e norte-americano ao minimizar ou, mesmo, a deixar de reconhecer a especificidade da natureza do patriarcalismo que atua sobre as mulheres negras, indígenas e de países antes colonizados" (2008).[6]

As denúncias das feministas negras dos anos 1970 e 1980 eram sobre a violência que se perpetrava contra as mulheres negras, uma vez que o fator cor acaba levando a um maior número de

---

[5] Jurema Batista, professora, foi presidenta na Associação de Moradores do Andaraí (1979) e exerceu vários mandatos de vereadora da Câmara Municipal do Rio de Janeiro, assim como o mandato de deputada estadual na Assembleia Estadual do Estado do Rio de Janeiro.

[6] Lélia Gonzalez foi membro do Conselho Nacional dos Direitos da Mulher (CNDM), órgão do Ministério da Justiça da sua primeira gestão (1985-1989). No CNDM, teve significativa atuação na Comissão de Mulheres Negras, que no ano de 1988, por ocasião do centenário da Abolição e em parceria com a OAB, realizou o Tribunal Winnie Mandela de combate ao racismo e ao preconceito.

vítimas da violência: entre as mulheres mortas em situação de feminicídio, cerca de 60% são negras, isso também porque não contam com assistência adequada das autoridades públicas. Tal aspecto é agravado pelo estigma que lhes é imputado de que as negras são mulheres mais disponíveis para a exploração sexual. Hoje os pleitos das feministas negras estão ganhando mais adesão social no Brasil. Em uma pesquisa realizada na manifestação do 8 de Março de 2017, no Rio de Janeiro, por exemplo, 92,8% das participantes concordaram totalmente ou em parte com a frase "a causa das mulheres negras deve ser prioridade na luta feminista" (Daflon, Borba e Thomé, 2017). O feminismo negro denuncia que as mulheres brancas são violentadas e espancadas pela condição de sexo, enquanto as negras são por esta razão, mas também devido ao preconceito racial.

As feministas interseccionais

Do feminismo negro emergiu a corrente intitulada feminismo interseccional, a partir dos escritos de Kimberlé Williams Crenshaw, nascida em 1959, professora de direito, a qual, analisando as leis contra a discriminação, concluiu que tratavam de forma diferenciada os aspectos de raça e gênero. Assim, tais leis ignoravam que tanto gênero quanto raça estão inter-relacionados e essa inter-relação deveria ser considerada nas decisões judiciais relacionadas a esse grupo específico.

Suas ideias rapidamente se difundiram nos EUA e nos demais países. Com isso, outras feministas negras seguiram no cenário acadêmico e político. Uma das mais importantes pensadoras e ativistas desta corrente é a feminista negra norte-americana Bell Hooks, pseudônimo de Gloria Jean Watkins, nascida em 1952, que analisa a tríade gênero, raça e classe social. Suas leituras sobre o feminismo e a prática educacional têm revolucionado a pedagogia e multiplicado a fala feminista pelo mundo (Santos, 2016).

Assim, desde os anos 1980, as feministas espalhadas pelo planeta vêm analisando como as experiências femininas com a desigualdade são uma face do racismo, do preconceito homofóbico (lesbofóbico), das diferentes classes sociais. Os papéis sociais de gênero são construídos socialmente e expressam a diversidade cultural e a história dos diversos povos.

Ainda que esses sejam os grupos mais visíveis, há uma série de subdivisões no movimento feminista que carregam, cada uma, suas especificidades. Existem movimentos de feministas lésbicas, de feministas mães, de feministas islâmicas, entre dezenas de outros.

Ainda que muitos tenham visões distintas de vários dos aspectos que envolvem as questões relativas às mulheres, de uma forma geral, todos entendem que existe uma situação de vulnerabilidade e de subalternidade pela qual o fato de ser mulher implica desde tempos imemoriais.

O conceito gênero

Nas suas diversas abordagens radicais ou culturais na busca de novas ferramentas teóricas para explicar e desnaturalizar a opressão das mulheres, cunhou-se o conceito de gênero, assim como se desenvolveram diferentes estudos que localizaram novamente o conceito "mulher" (Costa e Bruschini, 1992; e Piscitelli, 2002). Muito tem se falado recentemente sobre o conceito de gênero, por conta da condenação intensa que os grupos conservadores fazem ao que nomearam "ideologia de gênero".

O conceito de gênero surgiu nos marcos dos estudos sobre a mulher; ele permite uma análise alternativa ao conceito de patriarcado. Segundo esse paradigma, o gênero é o produto social que atribuímos à noção do sexo biológico, são características e papéis imputados socialmente. Questiona-se a ideia do sexo biológico como destino, assim como que ele determine obrigatoriamente formas de comportamento. Na realidade, essas atribuições apenas definem a operação de estruturas de poder nas sociedades.

Nos últimos 40 anos, a efervescência intelectual das mulheres cresceu, de forma a aliar ativismo e prática acadêmica. Isso, seguramente, revolucionou o campo disciplinar da busca de conceitos para desnaturalizar a opressão das mulheres. Nesse cenário, multiplicaram-se os estudos sobre gênero, descolando de uma definição biológica de mulher.

Desde os anos 1970/1980, as relações entre feminismos e os estudos acadêmicos debatiam-se em relação à escolha da mulher como objeto empírico e, ao mesmo tempo, com o fato de que ocorria um menor interesse por esses estudos por serem primazia das mulheres. Os acadêmicos do sexo masculino sempre menosprezaram a produção acadêmica das feministas. Antes não havia nada e, mesmo agora, trata-se ainda de um grupo universitário (Costa, Bruschini, 1992).

Desvendar as tensões presentes entre a teoria social feminista e o ativismo das mulheres era uma espécie de missão. Porque depois de duas décadas de estudos haviam sido produzidas muitas explicações sobre a invisibilidade das mulheres, tanto nas diversas faces de suas vidas, quanto na crítica sobre as lacunas da teoria social. Abriam-se, então, espaços para inserção do feminismo nas fronteiras da modernidade e pós-modernidade (Sorj, 1992). O conceito "gênero" acabou sendo difundido como um argumento central desse conjunto de estudos.

O artigo "O tráfico das mulheres", de Gayle Rubin (1975), questiona a ideia monolítica da universalidade da opressão feminina, argumentando o escasso conhecimento dessas relações nas sociedades primitivas. O estudo analisava diversos sistemas de diferenciação sexual e ousadamente propunha o sistema sexo-gênero como um conjunto de arranjos nos quais a sociedade transforma a sexualidade biológica em produtos da atividade humana. Por meio desta transformação, as necessidades sociais são satisfeitas. Na sua análise para a diferença sexual, a cultura se sobrepõe à natureza (biologia).

O conceito gênero universalizado operaria em todas as sociedades, o que significa ser uma chave alternativa para o conceito de patriarcado, sem perder a inquietação feminista com as relações de opressão que afligem as mulheres. A ideia de gênero é, assim, um elemento constitutivo das relações sociais baseadas nas diferenças percebidas e enfrentadas entre os sexos; uma forma inicial de significar relações de poder.

Gênero como categoria analítica da diferenciação entre os sexos difundiu-se rapidamente. Linda Nicholson (2000), num texto fundamental, afirma: "Gênero é uma palavra estranha ao feminismo. Embora para muitas de nós ela tenha um significado claro bem conhecido, na verdade, ela é usada de duas maneiras diferentes e até certo ponto contraditório" (Nicholson, 2000). Gênero, pensado como oposição a sexo para descrever o que é socialmente construído. Ou gênero como uma construção social que se refira à distinção masculino/feminino.

No famoso trabalho intitulado "Gênero: uma categoria útil para a análise histórica",[7] Joan Scott, ainda que não necessariamente coadune completamente com tal definição de gênero, explica o uso descritivo, não analítico, do conceito: "O gênero se torna uma maneira de indicar as 'construções sociais' – criação inteiramente social das ideias sobre os papéis próprios aos homens e às mulheres. É uma forma de se referir às origens exclusivamente sociais das identidades subjetivas dos homens e das mulheres. O gênero é, segundo essa definição, uma categoria social sobre um corpo sexuado" (1989). Logo, de acordo com essa concepção, refere-se tanto a uma base material da identidade, quanto a uma construção social do caráter, como também expressou Nicholson.

Scott, como pós-estruturalista, não nega a existência de diferenças entre os corpos. Ela alega, porém, que o corpo só ganha significado por meio de aspectos culturais e sociais; o próprio conceito de sexo, portanto, já está subsumido ao de gênero, o qual, por sua vez, só se processa no discurso.

Para a autora, o conceito comporta quatro elementos relacionados entre si: a) símbolos culturais que evocam representações múltiplas (muitas vezes contraditórias), como as personagens de Eva e Maria, símbolos de mulher (quando circunscrito à cultura ocidental); b) conceitos normativos que colocam em evidências interpretações do sentido dos símbolos e são expressos nas doutrinas religiosas, educativas, científicas, políticas ou jurídicas na posição binária de masculino/feminino; c) o papel político vívido nas instituições e nas organizações sociais, tal como o sistema de parentesco, através do universo doméstico e da família, fundantes da organização social; d) identidade subjetiva, que põe em xeque, tal como Gayle Rubin, o significado da psicanálise para a reprodução de gênero, duvidando

---

[7] Utiliza-se neste texto a versão traduzida para o português de Christine Rufino Dabat e Maria Betânia Ávila.

da sua pretensão universal, uma vez que a identidade de gênero não pode ser unicamente baseada no medo da castração.

Para Scott, o gênero é uma forma de significar as relações de poder (1989). Embora o conceito já tivesse sido formulado em outros textos, seguramente este foi de enorme repercussão, o que popularizou o uso do conceito no ambiente universitário, político e na mídia.

Outras interpretações que fervilhavam no ambiente acadêmico norte-americano e europeu durante estas décadas já propunham abordagens alternativas à biologia na contraposição masculino/feminino e fugiam da palavra sexo. O conceito gênero, então, podia ser utilizado para suplementar o de sexo, não para substituí-lo (Nicholson, 2000).

Muitos trabalhos da produção feminista destas últimas décadas criticam as várias ideias associadas a sexo-gênero, provenientes de campos disciplinares diversos. Sem pretensão de analisar em profundidade essas contribuições, citamos apenas os trabalhos de Donna Haraway, bióloga e historiadora da ciência, que insiste que a construção social do gênero, isto é, sexo e natureza, não foi historicizada e, com isso, obscurece e subordina raça, classe e nacionalidade. O pensamento feminista de Judith Butler, filósofa que ganhou enorme repercussão no meio acadêmico, inclusive no Brasil, tem como fio condutor explicar a subordinação universal da mulher, a questionar as raízes epistemológicas da distinção sexo/gênero, assim como a crítica na relação binária homens/mulheres, sujeito/outro que definem estas identidades como fixas.

Segundo Judith Butler, o conceito de gênero não contradiz o feminismo tradicional. "O feminismo tem sido sempre um movimento e uma teoria que busca ampliar a liberdade das mulheres e, em minha opinião, isso significa a ampliação do conceito de gênero também. [...] Existe um único conceito de identidade feminina? Não tenho certeza" (Dahas, 2015).

Essa breve síntese da reflexão feminista mostra um campo disciplinar em movimento e com muitos questionamentos. Como indaga Matos (2008), há teoria de gênero ou teorias e gênero? Ela propõe que este campo, fundado numa epistemologia multicultural e emancipatória, demonstre que as relações entre os humanos e entre as instituições sociais são atravessadas pelo poder, inclusive de se reconstruir. Acreditamos que estas diversas abordagens feministas configurem uma plataforma global de difusão do feminismo no mundo.

2. AS MULHERES NA HISTÓRIA MUNDIAL

Mulheres invisíveis

Seria preciso voltar muitos séculos, milênios, e deles trazer Hipátia, Cleópatra, Joana D'Arc, entre tantas outras, para fazer jus ao papel das mulheres na história das civilizações. Uma participação da qual muito pouco se sabe, tanto porque as mulheres estavam confinadas principalmente em seus lares, como também devido aos poucos registros de suas ações.

Cleópatra governou o Egito no século antes de Cristo. Foi preciso ser a regente de um dos grandes impérios da antiguidade para ser conhecida. Hipátia de Alexandria, alguns séculos depois, era matemática, filósofa, astrônoma e médica. Uma mulher da ciência, uma intelectual, que morreu queimada por religiosos cristãos em 415 d.C. Um milênio após, Joana D'Arc também seria morta por liderar uma tropa na Guerra dos Cem Anos; virou santa. Além delas, existiram certamente milhares de mulheres africanas, orientais, indígenas ou mesmo anônimas europeias de cujos feitos nunca tomaremos conhecimento.

Há um imenso volume de mulheres cuja participação na história foi apagada, sem pegada ou indício. O que sobraram foram poucos registros, histórias individuais das ações de mulheres de grande destaque, mas não necessariamente de luta coletiva.

"É praticamente impossível, para épocas antigas, alcançar o olhar das mulheres, pois elas são a construção do imaginário dos homens" (Perrot, 2007). Inclusive, com seus nomes trocados por conta dos casamentos, as mulheres foram escondidas no decorrer da história até o ponto de não mais aparecerem seus esforços, vontades e participação no espaço decisório.

A situação, que já não era de protagonismo, tornou-se ainda mais opressora no início do século IV (ano de 313). Com a conversão do imperador Constantino, as comunidades cristãs estruturaram a Igreja Católica Apostólica Romana com leis e hierarquias. Os primeiros concílios consagraram a inferioridade feminina e reforçaram as estruturas da sociedade patriarcal, que acompanha boa parte da história humana.

A determinação bíblica estabeleceu – e não deixa, de certa forma, de fazê-lo até hoje – que o lugar das mulheres fosse limitado e circunscrito às vontades masculinas. A famosa carta de São Paulo aos Coríntios afirmava, em seus versículos 34 e 35, que as mulheres deveriam ficar caladas nas assembleias, "como se faz em todas as Igrejas dos cristãos, pois não lhes é permitido tomar a palavra. Devem ficar submissas, como diz também a Lei. Se desejam instruir-se sobre algum ponto, perguntem aos maridos em casa; não é conveniente que a mulher fale nas assembleias".

Na religião católica, mesmo com seus 2 mil anos de história, ainda são consagrados padres apenas os homens, assim como são bem menores os números de santas que de santos. Vê-se, pois, o quão alijadas as mulheres estão dessa que foi uma das bases fundamentais da sociabilidade do mundo ocidental nos últimos séculos. Elas assumiram somente o rol de devota, servidora, o de passivo na estrutura da Igreja.

Essa organização de mundo na qual os homens estão acima das mulheres não se restringe ao catolicismo. As religiões monoteístas fizeram dessa desigualdade parte importante de seu dogma e de sua formação estrutural. É a mulher que está sempre subjugada nos livros sagrados, como o Corão ou a Bíblia.

Às mulheres era atribuída a pecha de desordeiras, de instigarem as emoções e os desejos masculinos, indo contra os desígnios de Deus. Eram a representação da Eva bíblica, sendo responsabilizadas pela expulsão de ambos do paraíso divino.

Surgem as primeiras feministas

Toda essa opressão não foi vivida sem revoltas, uma das principais figuras do feminismo da Idade Média (XIV a XV) foi Christine de Pisan, nascida em Veneza, na Itália, e criada em Paris, na França, na segunda metade do século XIV. Ela é considerada a primeira feminista dos tempos modernos. Provavelmente a primeira mulher que conseguiu ter independência econômica com seu ofício de escritora e, com isso, denunciou em seus livros a que injustiças eram submetidas às mulheres.

É bem verdade que, dependendo do seu nascimento, o status feminino podia ser abrandado: elas podiam ser rainhas como Margarida de Navarra, Catarina de Médici, Elizabeth Tudor. No entanto, mesmo a ideologia humanista que emergiu com o Renascimento foi essencialmente masculina e aristocrática.

A educação – ler e escrever – durante milênios foi privilégio das elites, sobretudo a masculina. A explosão no século XVI, com o surgimento do livro após a descoberta de Gutenberg, tornou-o, a partir de 1520, um objeto de uso cotidiano. Além disso, as lutas religiosas durante a Reforma Protestante – que substituiu a transmissão oral pela leitura da Bíblia, feita, portanto, por homens e mulheres – forçaram a Igreja Católica a adaptar-se a uma nova realidade sociocultural. Foi necessário também propor uma reorganização das escolas católicas.

A Companhia de Jesus foi fundada com o objetivo de combater os protestantes. Para tal propósito, era necessário desenvolver uma formação intelectual mais sólida, espalhada pelo mundo. A evangelização foi difundida pelos continentes. Mas era uma educação para moços.

As meninas ficavam ainda bastante de fora, as raras escolas femininas existiam em conventos e os ensinamentos consistiam em costura, bordado, boas maneiras. Isso tanto nas metrópoles, quanto nas colônias. A educação das mulheres ocorria apenas no âmbito doméstico.

A história do feminismo começa a ter marcos mais claros de resistência nas vésperas da Revolução Francesa e com a independência dos Estados Unidos. Movimentos em prol dos direitos das mulheres foram se constituindo dos dois lados do Atlântico.

Em 31 de março de 1776, Abigail Adams, esposa do constituinte norte-americano que depois se tornaria presidente John Adams, escreveu uma carta na qual protestava:

> No novo Código de Leis que vós estais redigindo, desejo que vos lembreis das mulheres e sejais mais generosos e favoráveis com elas do que foram vossos antepassados... Se não for dada a devida atenção às mulheres, estamos decididas a fomentar uma rebelião, e não nos sentiremos obrigadas a cumprir leis para as quais não tivemos nem voz, nem representação.

Um pouco antes, na Europa, em 1772, A. L. Thomas, em um acalorado debate sobre a participação das mulheres, afirmava que

> em quase todos os governos do mundo, excluídas das honras e dos cargos, elas nada podem obter, nem esperar, nem se ligar ao Estado pelo orgulho de ter ocupado cargos. [...] e sem jamais combater pela pátria, não têm qualquer lembrança lisonjeira que as ligue a sua nação pela vaidade, seja das obras, seja das virtudes. [...] e talvez menos desnaturadas que nós pelas instituições sociais nas quais têm menor participação,

devem ser menos suscetíveis do entusiasmo que faz preferir o Estado à família, e seus concidadãos a si mesmo [apud Badinter, 1991].

O argumento da participação nas guerras não é do século XVIII, ele remonta aos gregos, que também diziam que era o espaço da mulher o âmbito doméstico, enquanto cabia aos homens a participação na pólis. Não integrar as atividades cívicas, portanto, faria das mulheres menos defensoras da pátria, e não necessariamente dotadas do espírito político.

Indignada com as palavras de A. L. Thomas, bem como com sua repercussão, madame D'Epinay, uma mulher da corte, escreve a um abade protestando contra o texto que condenava as mulheres ao confinamento dos lares, ao afirmar que suas características naturais as faziam menos aptas à participação na vida pública. Ela fazia referências claras ao fato de que, muito mais que inerentes ao feminino, tais aspectos eram construídos socialmente e denunciava a estratégia de poder dos homens ao manter as mulheres hierarquicamente abaixo de si. "É bem evidente que os homens e as mulheres têm a mesma constituição" (apud Badinter, 1991):

> a fraqueza de nossa constituição e de nossos órgãos pertence certamente a nossa educação, e é uma consequência da condição que nos destinaram na sociedade. [...] Certamente seriam necessárias várias gerações para nos recolocar tal como a natureza nos criou. Poderíamos talvez sair vencedoras, mas os homens perderiam demais.

Eram vozes contestadoras pouco antes de se dar a Revolução Francesa. Em tese, as revoluções são momentos oportunos para a ampliação de direitos das mulheres, pois, como participantes do processo revolucionário, elas se aproximam da atividade política; saem do espaço de seus lares para entrar na participação ativa na esfera pública.

O que ocorreu com a Revolução Francesa viria a se repetir mais adiante em outras revoluções, entre elas, a russa e a mexicana. As revoluções, ao derrubar os sistemas existentes, tendem a enfraquecer também os modelos patriarcais de dominação. Reduzem a autoridade das elites sobre as massas, bem como dos homens sobre as mulheres (Cano et al., 2006).

Isso não quer dizer que os movimentos revolucionários da França no século XVIII contaram com uma participação em massa das mulheres. Normalmente – assim como ocorreu com os homens – a maior parte da população continuou dentro de suas próprias atribuições. As mulheres seguiram confinadas a seus papéis domésticos e familiares. Camponesas e artesãs não se tornaram, do dia para a noite, revolucionárias ativas. As mulheres não tinham então nenhuma opção econômica fora do eixo familiar (Goldman, 2014).

Não se pode ignorar, contudo, que a Revolução Francesa ajudou às mulheres na expansão dos seus direitos civis, que eram também limitados. Entre esses direitos, estava o livre consentimento para o casamento e igualdade na sucessão. Olhando de longe, pode parecer algo simples, mas que marca como as lutas das mulheres são travadas por séculos até que ocorra alguma transformação.

Por mais que a Revolução Francesa tenha mexido na maioria dos pilares que sustentavam aquela sociedade, ela manteve as mulheres longe de quaisquer direitos políticos, incluindo o direito ao voto, que era uma das reivindicações das que participaram do processo revolucionário. As mulheres permaneceram consideradas apenas "cidadãs passivas", análogas aos estrangeiros e menores de idade.

Em meio à efervescência, em 1791, uma dessas mulheres ativas, Olympe de Gouges, escreve a "Declaração dos direitos da mulher e da cidadã" (ver boxe). Nela, evocava: "Mulher, acorda; o chamado da razão se faz ouvir em todo o universo; reconhece teus direitos." Já no art. 1º, a sentença: "A mulher nasce livre e continua a ser igual ao homem em direitos. As distinções sociais podem ser constituídas

Art. 1º. A mulher nasce livre e tem os mesmos direitos do homem. As distinções sociais só podem ser baseadas no interesse comum.

Art. 2º. O objeto de toda associação política é a conservação dos direitos imprescritíveis da mulher e do homem. Esses direitos são a liberdade, a propriedade, a segurança e, sobretudo, a resistência à opressão.

Art. 3º. O princípio de toda soberania reside essencialmente na nação, que é a união da mulher e do homem. Nenhum organismo, nenhum indivíduo, pode exercer autoridade que não provenha expressamente deles.

Art. 4º. A liberdade e a justiça consistem em restituir tudo aquilo que pertence a outros, assim, o único limite ao exercício dos direitos naturais da mulher, isto é, a perpétua tirania do homem, deve ser reformado pelas leis da natureza e da razão.

Art. 5º. As leis da natureza e da razão proíbem todas as ações nocivas à sociedade. Tudo aquilo que não é proibido pelas leis sábias e divinas não pode ser impedido e ninguém pode ser constrangido a fazer aquilo que elas não ordenam.

Art. 6º. A lei deve ser a expressão da vontade geral. Todas as cidadãs e cidadãos devem concorrer pessoalmente ou com seus representantes para sua formação; ela deve ser igual para todos. Todas as cidadãs e cidadãos, sendo iguais aos olhos da lei, devem ser igualmente admitidos a todas as dignidades, postos e empregos públicos, segundo as suas capacidades e sem outra distinção a não ser suas virtudes e seus talentos.

Art. 7º. Dela não se exclui nenhuma mulher. Esta é acusada, presa e detida nos casos estabelecidos pela lei. As mulheres obedecem, como os homens, a esta lei rigorosa.

Art. 8º. A lei só deve estabelecer penas estritamente e evidentemente necessárias e ninguém pode ser punido senão em virtude de uma lei estabelecida e promulgada anteriormente ao delito e legalmente aplicada às mulheres.

Art. 9º. Sobre qualquer mulher declarada culpada a lei exerce todo o seu rigor.

Art. 10. Ninguém deve ser molestado por suas opiniões, mesmo de princípio. A mulher tem o direito de subir ao patíbulo, deve ter também o de subir ao pódio desde que as suas manifestações não perturbem a ordem pública estabelecida pela lei.

Art. 11. A livre comunicação de pensamentos e de opiniões é um dos direitos mais preciosos da mulher, já que essa liberdade assegura a legitimidade dos pais em relação aos filhos. Toda cidadã pode então dizer livremente: "Sou a mãe de um filho seu", sem que um preconceito bárbaro a force a esconder a verdade; sob pena de responder pelo abuso dessa liberdade nos casos estabelecidos pela lei.

Art. 12. É necessário garantir principalmente os direitos da mulher e da cidadã; essa garantia deve ser instituída em favor de todos e não só daqueles às quais é assegurada.

Art. 13. Para a manutenção da força pública e para as despesas de administração, as contribuições da mulher e do homem serão iguais; ela participa de todos os trabalhos ingratos, de todas as fadigas, deve então participar também da distribuição dos postos, dos empregos, dos cargos, das dignidades e da indústria.

Art. 14. As cidadãs e os cidadãos têm o direito de constatar por si próprios ou por seus representantes a necessidade da contribuição pública. As cidadãs só podem aderir a ela com a aceitação de uma divisão igual, não só nos bens, mas também na administração pública, e determinar a quantia, o tributável, a cobrança e a duração do imposto.

Art. 15. O conjunto de mulheres igualadas aos homens para a taxação tem o mesmo direito de pedir contas da sua administração a todo agente público.

Art. 16. Toda sociedade em que a garantia dos direitos não é assegurada, nem a separação dos poderes determinada, não tem Constituição. A Constituição é nula se a maioria dos indivíduos que compõem a nação não cooperou na sua redação.

Art. 17. As propriedades são de todos os sexos juntos ou separados; para cada um deles elas têm direito inviolável e sagrado. Ninguém pode ser privado delas como verdadeiro patrimônio da natureza, a não ser quando a necessidade pública, legalmente constatada o exija de modo evidente e com a condição de uma justa e preliminar indenização.

Conclusão
Mulher, desperta. A força da razão se faz escutar em todo o universo. Reconhece teus direitos. O poderoso império da natureza não está mais envolto de preconceitos, de fanatismos, de superstições e de mentiras. A bandeira da verdade dissipou todas as nuvens da ignorância e da usurpação. [...]

Fonte: <http://www.direitoshumanos.usp.br/index.php/Documentos-anteriores-%C3%A0-cria%C3%A7%C3%A3o-da-Sociedade-das-Na%C3%A7%C3%B5es--at%C3%A9-1919/declaracao-dos-direitos-da-mulher-e-da-cidada-1791.html>.

apenas se para o bem geral". No art. 10 lembrava que se a mulher pode subir ao cadafalso, ela deve também ter o direito de subir à tribuna (Gouges, 1791). Com tanta defesa assim de algo que era considerado absolutamente subversivo, dois anos depois, Olympe de Gouges seria também ela enforcada.

Na Inglaterra, Mary Wollstonecraft, uma intelectual libertária, que lutava contra a escravatura e muito à frente de seu tempo, escreveu a *A reivindicação dos direitos da mulher* um documento marco do feminismo e que criticava a Constituição francesa. Ambas – Gouges e Wollstonecraft – compartilhavam a crença na educação e na universalização dos direitos, temas que eram caros aos revolucionários, mas que não se estendiam às mulheres. "As mulheres não podem ser confinadas à força aos afazeres domésticos" (Wollstonecraft, 2016).

Esses manifestos foram contemporâneos também ao texto de Condorcet "Sobre a admissão do direito de cidadania às mulheres".

Enquanto Diderot, um importante nome da Revolução Francesa, considerava a mulher "um ser de paixões e emoções, comandada por seu útero" (Badinter, 1991), Condorcet afirmava que como os direitos dos homens provêm do fato de serem seres sensíveis, "suscetíveis a adquirir ideias morais e refletir sobre essas ideias" (Xavier, 2012), as mulheres, dotadas das mesmas qualidades, deveriam ter os mesmos direitos. "Seria difícil demonstrar que as mulheres são incapazes de exercer os direitos de cidadania."

Para evidenciar a falácia da tese de dominação, Condorcet ressaltava as inconsistências dos argumentos utilizados pelos que eram contra. Por exemplo, a ideia de que as mulheres não poderiam ter direitos políticos já que nenhuma delas fizera uma grande descoberta científica. Contra isso, ele afirmava: "sem dúvida, nós não pretendemos conceder o direito de cidadania só para homens de gênio" (apud Xavier, 2012). Para completar, acrescentava que inferioridade e superioridade de conhecimento são divididos igualmente entre os sexos.

O texto, contudo, mantém a visão de que as mulheres são seres domésticos e os homens, capazes de se sacrificar pela coisa pública. Por fim, diz que é melhor que lhe sejam concedidos os direitos da participação ativa e às claras antes que fiquem elas conspirando entre paredes.

As mulheres e as revoluções

John Stuart Mill, com *A sujeição das mulheres*, de 1869, marca outro momento fundamental da luta dos intelectuais pela expansão dos direitos das mulheres. Suas palavras ajudam às mulheres, que já vinham participando de iniciativas de libertação em várias frentes, como as relativas à abolição da escravatura, a levar a cabo inúmeras petições em favor do voto feminino.

Nos Estados Unidos, em meados do século XIX, também explodem as primeiras manifestações organizadas em prol dos direitos das mulheres, em paralelo com a luta contra a escravidão – abolicionistas e feministas. As mulheres lentamente vão emergindo no espaço público.

"As diferenças mentais que se supõe existirem entre homens e mulheres são apenas os efeitos naturais de diferenças na sua educação e circunstâncias e não indicam diferenças radicais, e muito menos, inferioridade radical de natureza", afirmava Mill (2006), no libelo que defendia a ampliação dos direitos políticos para as mulheres.

O início do século XX foi pleno de movimentos revolucionários, novas ideias, ebulição. No México, em 1910, eclodiu a Revolução Mexicana; em 1917, foi a vez da Revolução Russa, tendo no meio, iniciada em 1914, a I Guerra Mundial.

Essa guerra sangrenta é considerada outro marco na ampliação de direitos das mulheres, com a ocupação de espaços dos quais antes estavam afastadas. Depois de muito tempo, elas finalmente passaram a integrar tropas nos campos de batalha. Ponto fundamental, pois simbolicamente trazia à baila o debate sobre integrar o exército, aspecto sempre citado como aquele que impedia as mulheres de terem relação de dedicação com suas pátrias. Elas passaram, então, a realizar tarefas antes consideradas exclusivas dos homens. Essa ida para o campo, para o mundo, nem os regimes totalitários conseguiram reverter, apesar das intensas tentativas com o retorno dos valores familiares e do papel da mulher como dona de casa, na esfera privada. Nunca mais as mulheres deixaram de integrar os corpos de guerra.

Uma dessas mulheres que tiveram participação intensa na batalha foi a cientista Marie Curie. De origem polonesa, ela começou os estudos em sua terra natal, mas, como era mulher, não pôde cursar uma universidade. Acabou se mudando para França, onde, na Universidade de Paris, graduou-se em física em 1893. Dez anos depois, foi premiada com o Nobel de Física, junto com Pierre Curie e Antoine Henri Becquerel, pela descoberta da radioatividade. Já o Nobel de Química lhe foi outorgado em 1911, pelas descobertas de dois elementos químicos: o polônio e o rádio. Foi a primeira pessoa a receber duas vezes o prêmio.

Na I Guerra Mundial, sua grande contribuição foi ter criado um serviço radiológico para o tratamento de soldados feridos. Para tanto, ela utilizava veículos que alcançavam áreas bem próximas aos campos de batalha, os quais eram adaptados e funcionavam como unidades de raios X.

Do lado de cá do oceano Atlântico, no México, apesar dos esforços das mulheres no processo da Revolução de 1910, a Constituição de 1917 não reconheceu nenhum direito político a elas. Assim como no caso da França, continuaram sendo referidas como menores de idade: não podiam votar nem ser votadas. Por outro lado, não se pode ignorar, as mudanças revolucionárias tiveram profundo impacto nas estruturas familiares que subjugavam as mulheres, tanto que houve avanços nos direitos civis, como a legalização do divórcio. Em 1914, o casamento passou a ser visto como um contrato civil, passível de dissolução. "A revolução acelerou as demandas das mulheres por educação e trabalho e aumentou as expectativas de conquistar mais direitos, levando assim à campanha nos anos 30 em prol do sufrágio" (Cano et al., 2006).

No momento em que se intensificaram as demandas pelo voto feminino, um dos argumentos dos homens que eram contra tal direito era o entendimento de que as mulheres, de tão católicas, acabariam elegendo um bispo presidente. Apesar da revolução, o voto feminino só foi aprovado no México em 1953.

Na Rússia, a visão bolchevique sobre as mulheres se baseava em alguns preceitos: união livre, emancipação das mulheres através do trabalho assalariado, socialização do trabalho doméstico e definhamento da família (Goldman, 2014). Na prática, o que se viu foi uma aceleração dos direitos sexuais e reprodutivos que nem sempre se converteu em melhoria da qualidade de vida das mulheres, pois, em vários casos, as mudanças mais liberavam os homens que davam condições de as mulheres cuidarem de si próprias com seus recursos.

Uma breve história do voto feminino

Apesar de França, Inglaterra e Estados Unidos terem sido o espaço dos primeiros e mais intensos debates e pleitos pela ampliação dos direitos políticos das mulheres, o país que primeiro aprovou o voto feminino no mundo estava muito longe geograficamente deles: a Nova Zelândia.

Em 19 de setembro de 1893, o governador-geral, Lord Glasgow, assinou uma nova legislação eleitoral que garantia o direito ao voto a todas as mulheres nas eleições parlamentares. Isso aconteceu antes de a Nova Zelândia ficar oficialmente independente do Reino Unido, o que ocorreu apenas em 1907. A grande líder de todo o processo – que não à toa virou símbolo nacional – foi Kate Sheppard, uma inglesa de Liverpool que havia migrado menina para a Nova Zelândia.

O movimento liderado por Sheppard defendia duas linhas: direitos políticos iguais para mulheres e homens, e o uso desses direitos para levar adiante reformas morais na sociedade, tais como a proibição do consumo de bebidas alcoólicas. Sua inspiração vinha tanto das ideias propaladas por John Stuart Mill, quanto das feministas inglesas e das organizações religiosas.

Diante da iminência da expansão dos direitos políticos femininos na Nova Zelândia, grupos começaram a se organizar, argumentando que tal mudança poderia trazer consequências horríveis para a ordem natural da sociedade. Um dos principais oponentes organizados, como era de se esperar, foi a indústria de bebidas.

Entre 1891 e 1893, as sufragistas neozelandesas levaram adiante um sem-número de petições requisitando ao parlamento a expansão dos direitos políticos das mulheres. Uma vez aprovado, dois meses depois, elas já estavam votando nas eleições legislativas. Também no mesmo ano, era eleita a primeira mulher prefeita no país: Elizabeth Yates; também a primeira de todo Império Britânico.

Mesmo com os avanços, somente em 1919 as mulheres conseguiram o direito de integrar o parlamento e, em 1933, foi eleita a primeira parlamentar. Depois dos logros na Nova Zelândia, Kate Sheppard atuou em outras regiões na defesa pelo voto feminino. Em seu país, liderou as batalhas por creches, pelo direito ao divórcio e até contra o uso de espartilhos.

Enquanto isso, nos Estados Unidos, apesar dos intentos de Abigail Adams e de esforços parlamentares desde 1878, o voto feminino só viria a ser garantido em definitivo em agosto de 1920, com a aprovação da 19ª emenda, ratificada pelos estados. De acordo com a emenda, "O direito de votar dos cidadãos dos Estados Unidos não será negado ou limitado pelos Estados Unidos ou por qualquer estado em razão do sexo".

A emenda ainda chegou a ser contestada em 1922, mas a Suprema Corte manteve esse direito para as mulheres, o que garantiu sua constitucionalidade.

Outro espaço crucial da batalha das mulheres pelo direito ao voto foi a Inglaterra (o filme *As sufragistas* traz boa parte dessa história). No país, os debates em defesa dos direitos políticos dessa nova onda tomam tamanho na segunda metade do século XIX. Em 1872, é criada a Sociedade Nacional pelo Voto Feminino, que dá origem a várias outras associações com objetivos semelhantes. Utilizando, em alguns momentos, métodos mais violentos, como ataques com bombas, as sufragistas tentavam chamar a atenção para a injustiça de não poderem escolher seus representantes e decidir suas leis. Durante a batalha pelo voto, muitas dessas mulheres foram presas.

Em 1913, um ato isolado acabou tomando proporções nacionais e chamando a atenção para a campanha já longeva das sufragistas. Emily Davison, sufragista e militante do grupo da influente feminista Emmeline Pankhurst, em um esforço de ativismo, saltou na pista de corrida quando ali passava o cavalo do rei. Ela acabou morrendo quatro dias depois e seu funeral foi acompanhado por centenas de aliadas de causa, bem como pela imprensa de vários países.

Contudo, apenas quando finda a I Guerra Mundial, o "People Act 1918" deu às mulheres acima dos 30 anos e com uma renda o direito ao voto; 10 anos depois, finalmente, o parlamento inglês garantiu que todas as mulheres acima dos 21 anos poderiam votar.

Na França, o voto feminino apenas ocorreu em 1945, após o fim da II Guerra e depois de nove anos de eleições suspensas. No Brasil, as mulheres votavam desde 1932 (mais sobre no capítulo seguinte). Depois da Nova Zelândia, a Austrália foi o segundo país a garantir o direito, seguida da Finlândia, que, em 1907, elegeria 19 mulheres para seu parlamento.

Nas Américas, o Paraguai foi o último país a garantir o direito ao voto às mulheres. No mundo, restam ainda poucos países africanos; até os países do Oriente Médio, onde as mulheres têm uma série de limitações de direitos, garantem a possibilidade de elas votarem.

3. MULHERES NA HISTÓRIA DO BRASIL

As lutas das mulheres brasileiras pela igualdade

Há muitas reflexões a serem feitas sobre as lutas conhecidas e desconhecidas que as mulheres travaram no mundo e no Brasil para transformar suas vidas. Essas lutas foram marcadas pelas clivagens de gênero, raça, orientação sexual, territorialidades. Mas as tramas forjadas pelo sexismo e racismo foram as destacadas nestas histórias. Reconhecemos ainda que elas têm o viés de olhares brancos, mas, ao menos, tentam resgatar algo do passado no enfrentamento ao racismo.

Este capítulo inicia-se no século XIX, quando irrompe a luta pelo sufrágio feminino também no Brasil. Trata-se de um marco histórico arbitrário, devido às dificuldades de empreender novas buscas nos arquivos para encontrar fragmentos da presença feminina no Brasil Colônia e catalogar lutas travadas pelas mulheres ao longo destes séculos para obterem um lugar ao sol. Não desconhecemos por completo essas mulheres: foram pessoas escravizadas fugidias, rebeladas nos tantos quilombos que a história oficial teima em apagar, negras da terra, como as mulheres indígenas foram tratadas nos textos coloniais, brancas portuguesas que arriscaram a travessia e que, nas terras d'Além-mar, tentaram construir uma nova vida.

As conquistas sociais e os direitos de que hoje usufruímos originam-se da luta de muitas gerações de mulheres brasileiras.

Juntas em organizações, ou mesmo individualmente, elas batalharam em prol dos direitos das mulheres, tais como frequentar a escola, trabalhar, direito de votar e ser votada.

As lutas libertárias das mulheres

As origens da opressão feminina remontam aos primórdios do direito romano, posteriormente sedimentado pelo direito canônico. Para a sociedade brasileira, devemos buscar suas raízes em Portugal, juntar com os fios indígenas presentes na chegada dos europeus e, ainda no século XVII, somar-se à chegada da população escravizada africana.

Devemos chamar atenção para Portugal, o império que conquistou a *Terra Brasilis* e que, como os demais Estados europeus, tinha como marca a misoginia. O desenvolvimento do Estado português não se fez de forma distinta e também neste o status feminino não teve desenvolvimento diferente do resto das demais sociedades europeias. Portugal só teve duas rainhas: as Marias I e II, no final dos séculos XVIII e XIX; todas as anteriores foram rainhas consortes. No âmbito da sociedade portuguesa e nas colônias, as mulheres permaneceram analfabetas. No decorrer do século XIX, passaram a lutar por educação e pelo direito ao voto.

As lutas libertárias pela conquista da cidadania multiplicaram-se pelo mundo ocidental e, no Brasil, estas inquietações também aportaram na segunda metade do século XIX. Os escassos registros históricos mostram que as mulheres não estiveram ausentes das inúmeras revoltas que pontuaram a construção do Brasil: Insurreição Pernambucana (1645), expulsão dos Holandeses (1654), a Revolta dos Bárbaros do Nordeste (1650-1720), Inconfidência Mineira (1789), Inconfidência Baiana (1798), a Balaiada (1838-1841), a Revolução Pernambucana (1817), a Confederação do Equador (1824), a Revolta dos Malês (1835), a Sabinada (1837-1838), a Farroupilha (1835-1845), em todas elas, mulheres anônimas lutaram e morreram mas não foram registradas pela história oficial.

A resistência negra contra a escravidão perdurou por toda a Colônia e Império; escravas e escravos lutaram de todas as formas. Nos dias atuais, essa resistência descontrói a narrativa da aceitação passiva do cativeiro pela população escravizada. A luta de Liberata, em 1780, na justiça pela liberdade mostra um dos atos de resistência contra a escravidão. Ela brigou na justiça para obter a liberdade, que lhe havia sido prometida por seu patrão. Os mais de 400 processos de ações de liberdade impetrados por cativos existentes no Arquivo Nacional (Rio de Janeiro) pesquisados por Keila Grinberg (1994) atestam esse e tantos outros caminhos possíveis que a resistência contra a escravidão utilizou no Brasil, entre eles, a compra de alforria.

Em geral, as precursoras visíveis dessas lutas feministas no Brasil são brancas e escolarizadas; porque, numa sociedade dividida pela escravidão e discriminação racial, os registros históricos, quando assinalam mulheres, mostram histórias vividas por mulheres brancas e apenas menções a indígenas e negras.

No entanto, as mulheres como sujeito só emergiram no cenário político na segunda metade do século XIX. A difusão da educação foi um elemento fundamental para compreender essa mudança feminina. Ainda nos anos 1830-1840, aparecem os primeiros registros nacionais dessas pioneiras, como foi o caso de Nísia Floresta Brasileira Augusta, nascida Dionísia Gonçalves Pinto (1809-1885), em terra potiguar, abolicionista, republicana e feminista que escreveu pelo direito à educação e o direito ao voto. Nísia marcou a história das lutas feministas do Brasil com a publicação do livro *Direitos das mulheres e injustiça dos homens*, de 1835, no qual defendia o direito das mulheres à educação, denunciava a ignorância em que eram mantidas as meninas e protestava contra a condição de dependência a qual eram relegadas as mulheres em relação aos homens. Em 1842, Nísia realizou no Rio de Janeiro conferências sobre a importância da abolição e da república para a sociedade brasileira. Fundou em 1838 o Colégio Augusto e ofereceu um curso para meninas e moças, no qual não esquecia os conhecimentos de ciências e das línguas. Para ela, a educação era um direito das mulheres.

A conquista da educação: uma revolução em câmara lenta

A educação limitada das mulheres propagou-se em meados do século XIX e, na medida em que avançava o processo de urbanização em consequência das transformações na economia agrária-exportadora, isso permitiu, ainda que timidamente, a abertura dos portões escolares para o sexo feminino. Entre 1870 e 1880, diversas escolas normais foram abertas para as meninas e moças. Essas escolas possibilitaram às moças o exercício da primeira carreira profissional – a de professora. Tal profissão era vista como adequada às mulheres pelos padrões masculinos, isso porque se considerava que elas teriam uma capacidade "inata" para lidar com as crianças. O magistério era uma extensão da maternidade.

Cursar escolas superiores era outra questão. Apesar de elas já existirem no país, era vedado o ingresso de mulheres nos seus cursos. Nossas trisavós encontraram os portões fechados a qualquer pretensão feminina de ingressar num curso superior. Assim Maria Augusta Generoso Estrella (1860-1946), diante da impossibilidade de frequentar a Faculdade de Medicina aqui, foi estudar nos Estados Unidos. Seu caso teve enorme repercussão na imprensa nacional, e ela, apesar de todas as dificuldades que enfrentou, foi a primeira brasileira a obter o diploma de medicina. No rastro da

> **FOI UMA MULHER O PRIMEIRO BRASILEIRO NATO QUE ESCREVEU UM LIVRO NA LÍNGUA PORTUGUESA**
>
> Teresa Margarida da Silva e Orta (c. 1711 – 1793) nasceu em São Paulo, filha de um rico negociante português, aos seis anos foi com a família para Portugal, e seu pai por cerca de 20 anos foi um dos homens mais poderosos do Reino – provedor da Casa da Moeda, em Lisboa, e seu filho Matias Aires o sucedeu na mesma função. Teresa Margarida teve uma boa educação, e em 1752 publicou o primeiro livro escrito na língua portuguesa no Reino, *Aventuras de Diófanes*, que tomou este título na edição de 1777. Nele, a autora criticava os abusos do Estado absolutista, Teresa foi uma divulgadora das teses iluministas em Portugal.

luta de Maria Augusta, em Pernambuco em 1878, Josefa Aguéda solicitou uma subvenção imperial para ir estudar medicina nos Estados Unidos. Os debates sobre a petição de Josefa na Assembleia Provincial de Pernambuco tiveram enorme repercussão e Maria Amélia Florentino Cavalcanti também fez o mesmo pedido. Diante da comoção provocada por estes pleitos, as bolsas foram finalmente concedidas (Alves, 1980). Esses casos acabaram sendo o estopim para a alteração dos critérios de ingresso nos cursos superiores na década de 1880.

A vitória de Maria Augusta incentivou a gaúcha Rita Lobato Velho Lopes (1861-1954) a pleitear, em 1885, uma vaga na Faculdade de Medicina da Bahia. Foi a primeira médica a ser graduada no Brasil. Apesar de haver avanços, os melhores colégios públicos não aceitavam estudantes do sexo feminino. Só no final do século XX este pesadelo foi vencido, e as mulheres entraram no novo milênio com uma vantagem educacional em relação aos homens.

A importância da imprensa feminina na conquista dos direitos civis

No Brasil, a imprensa foi um assunto de muito poucas pessoas. Em 1827, no Rio de Janeiro, havia nove jornais e, no restante das províncias, 22. Como poucos sabiam ler e escrever, a imprensa espelhava esta realidade. As bibliotecas também eram raras. Com a chegada da corte portuguesa em 1808, d. João VI trouxe a Biblioteca da Ajuda com um acervo de cerca de 90 mil livros; era a maior do Novo Mundo. Ao longo das décadas seguintes, lentamente, foram sendo instaladas bibliotecas públicas ou nas escolas. Em 1831, as pernambucanas editaram o jornal *Espelho das Brasileiras* e, em terras gaúchas, *Belona* circulou entre 1833 e 1834.

Com uma imprensa tão acanhada, só a partir da década de 1850 foi que se multiplicou a imprensa feminina em diversos recantos brasileiros. *O Jornal das Senhoras*, *O Bello Sexo*, *A Violeta Fluminense*, *O Sexo Feminino*, *Eco das Damas*, *A Família*, *A Mensageira*, *O Feminista* foram alguns destes jornais. Eles eram dirigidos por mulheres instruídas que tinham conseguido furar o bloqueio doméstico. Corajosas, escreviam a fim de denunciar o desprezo pela educação feminina e defendiam o direito a votar e ser votada.

Essa imprensa foi significativa na discussão da cidadania feminina e um valioso instrumento de luta.

Em 1862, no Rio de Janeiro, surgiu *O Bello Sexo*, editado por Júlia de Albuquerque Sandy Aguiar, abordando religião, instrução feminina e atualidades culturais. Júlia exigia que os textos publicados no periódico fossem assinados por mulheres. Em 1873, no interior de Minas Gerais, a professora Francisca Senhorinha da Motta Diniz lançou o jornal *O Sexo Feminino*. Este periódico foi mais avançado que os anteriores, defendendo que as mulheres deviam se educar para trabalhar e ser independentes. Em 1889, com a proclamação da República, passou a se chamar *O Quinze de Novembro do Sexo Feminino*.

O periódico *A Família*, editado por Josefina Alvares de Azevedo, nasceu em São Paulo, em 1888, mas logo foi transferido para o Rio de Janeiro. Ousadamente, ele defendia o voto feminino, bem como o divórcio. Em São Paulo, também foi publicado *A Mensageira*, uma revista editada pela poeta Presciliana Duarte de Almeida. O jornal foi um incansável defensor da libertação feminina: publicou poemas, matérias sobre o avanço do movimento feminista europeu e norte-americano, notícias sobre a situação das mulheres no Brasil. Fez também uma intensa campanha pelo direito das mulheres de exercerem a advocacia. Embora, na maioria das vezes, estes periódicos tenham tido uma vida efêmera, foram significativos na difusão do pensamento feminista e das lutas pela igualdade.

As abolicionistas: a primeira organização das mulheres brasileiras

Na segunda metade do século XIX, o Brasil vivenciou o recrudescimento da luta contra a escravidão. As primeiras associações e clubes abolicionistas foram criados por volta de 1852. As mulheres ainda eram muito tímidas no cenário político de antanho e não ousavam se manifestar (Barbosa Filho e Barreto, 2014). Essa resistência diluiu-se com o fim oficial do tráfico em 1850 e o clamor contra a escravidão aglutinou tanto as ações masculinas quanto emergiu um conjunto de mulheres que se destacaram nas ações em prol da libertação dos escravos.

Essas vozes femininas, além de clamar contra a barbárie do cativeiro, também denunciavam as amarras sociais que as subordinavam ao patriarcado. Eram da elite branca intelectual e financeira do Império, mas as recentes pesquisas históricas afirmam que também havia trabalhadoras e mulheres da classe média. Talvez seja possível afirmar que o movimento abolicionista tenha dado o pontapé inicial para que mulheres instruídas levassem adiante um processo de rebelião em favor da obtenção dos direitos civis.

De norte a sul, mulheres organizaram associações em defesa da abolição: no Ceará, em 1882, Maria Tomázia Figueira, Maria Correia do Amaral e Elvira Pinho agitaram a sociedade cearense promovendo atos em defesa da abolição. Em 1884, a Assembleia Legislativa da Província do Ceará aboliu a escravidão.

Esse exemplo irradiou-se por outras províncias e, no mesmo ano, em Manaus, foi criada a Associação Amazonense Libertadora (1884), organizada por mulheres brancas da elite local, cujo objetivo era libertar todos os escravos da província do Amazonas. Essa agitação feminina acabou em 1887 quando a abolição foi promulgada naquela província. Nessa década, o movimento abolicionista propagou-se rapidamente e grupos femininos foram organizados nas maiores cidades brasileiras.

Em Recife, em 1882, a modista e costureira Leonor Porto fundou, junto com outras mulheres pernambucanas, uma associação de mulheres abolicionistas intitulada Ave Libertas, que defendia a libertação dos escravos e exigia o término dos castigos, torturas e maus-tratos. Uma das estratégias adotadas era obter fundos para a libertação dos cativos, com doações e joias. Após a assinatura da abolição, foram ativistas em prol da educação feminina e dos negros. Todas foram precursoras da luta pelos direitos civis e combateram a invisibilidade feminina. Inês Sabino (1853-1911), poeta e feminista, publicou nos anos iniciais da República o dicionário Mulheres Ilustres do Brasil (1899), que teve grande repercussão na sociedade e tornou-se uma obra de referência para aqueles que desejavam recuperar a história das mulheres no país. A campanha pela abolição e a propaganda republicana agitaram o Brasil, e a luta pelo voto feminino timidamente emergiu, naquela década, no cenário nacional.

Caiu a Monarquia, mas a República é masculina

Desde a Constituição de 1824 que o Brasil convivia com um regime monárquico democrático, com 10% da população de eleitores. O que a legislação exigia era ser do sexo masculino, ter mais de 25 anos e ter uma renda anual de 100 mil-réis. O critério renda definia o lugar do cidadão na sociedade. Tudo foi alterado com a mudança introduzida pelo ministro José Antônio Saraiva, conhecida como Reforma Saraiva ou Lei Saraiva de 1881 (Decreto nº 3.029, de 9 de janeiro de 1881), que instituiu o título de eleitor, proibiu o voto do analfabeto e estabeleceu eleições diretas para os cargos eletivos do Império: senadores, deputados tanto para a Assembleia Geral, quanto para as assembleias provinciais. Mantiveram-se as mesmas condições anteriores agora acrescidas com a restrição de saber ler e escrever. Num país onde mal havia escolas, isso implicou uma enorme restrição à participação popular no processo. Segundo Faoro (2001) dos 1.089.659 eleitores de 1872, na vigência já da Lei Saraiva nas eleições de outubro de 1881, o número de eleitores foi de 145.269 pessoas, ou seja, este eleitorado correspondia a 1,5% da população.

As discussões na Assembleia Constituinte de 1891 pelo direito ao voto feminino foram intensas: havia um grupo de mulheres que lutavam abertamente por esse direito cidadão. Uma das principais militantes foi à jornalista Josefina Álvares de Azevedo (1851-?), que escreveu a peça teatral *O voto feminino*, que em 1890, com enorme sucesso de público na capital federal (Rio de Janeiro), lotava todos os dias o teatro. Os debates na Câmara Federal foram intensos; um pequeno grupo de parlamentares aliou-se as mulheres na defesa do voto feminino, mas acabou vencendo o medo masculino de admitir a igualdade de direitos civis.

No final do século XIX, havia aumentado o acesso das mulheres da elite à educação; assim o lema "mulher instruída, mulher emancipada", frase difundida pela jornalista Josefina Álvares de Azevedo nos seus artigos, ganhou enorme adesão e fez crescer o movimento pelo voto feminino. No entanto, a mobilização foi em vão, aquela Assembleia Constituinte só tinha deputados do sexo masculino que não ousaram admitir que a lei devia ser para toda a população. Desta forma, a primeira Constituinte Republicana do Brasil, promulgada em 1891, declarava, no seu art. 70: "São eleitores todos os cidadãos maiores de 21 anos que se alistarem na forma da lei". O substantivo "eleitores" foi interpretado como pessoas do sexo masculino e as mulheres acabaram excluídas do processo eleitoral.

A ambiguidade da Carta Magna alimentou, nas décadas seguintes, o movimento feminista pelo direito ao voto. Talvez esta redação expresse o clima tenso que provocou a Emenda Saldanha Marinho, que concedia o direito de voto às mulheres, mas foi derrotada no plenário após alguns signatários retirarem suas assinaturas. Foram intensos os debates sobre o voto feminino na Assembleia Constituinte de 1891 e a redação "ambígua" do art. 70 talvez expresse o clima tenso que cercou a aprovação da Carta Magna.

O veto à cidadania feminina desmobilizou as mulheres. A chama da luta pelo direito ao voto só foi ressurgir um tempo depois, na primeira década do século XX, agora tendo como mentora a professora Leolinda de Figueiredo Daltro (c.1860–1935). Ela e outras feministas fundaram, em dezembro de 1910, no Rio de Janeiro, o Partido Republicano Feminino (Melo e Marques, 2000), precursor na organização das mulheres brasileiras na luta pelo sufrágio eleitoral. Por uma década, Leolinda e suas companheiras ocuparam a cena política carioca fazendo marchas e conferências em torno da questão eleitoral e da cidadania incompleta das mulheres na Primeira República. Nesses anos, outras mulheres também ocuparam a cena: Mirtes de Campos (c.1875-?), primeira advogada a ocupar a tribuna de um Tribunal do Júri no Brasil, sufragista e defensora das trabalhadoras. A dra. Mirtes também solicitou seu alistamento eleitoral, argumentando que a Constituição brasileira não excluía as mulheres, apenas enumerava os impedimentos. O requerimento foi negado.

A bióloga Bertha Lutz (1894-1976), voltando da Europa contagiada pelo movimento sufragista inglês e norte-americano, publicou vários artigos na imprensa do Rio de Janeiro defendendo o direito de voto das mulheres. Os textos de Bertha obtiveram grande sucesso na cidade, particularmente o artigo "Somos todas filhas de tais mulheres", boxe da *Revista da Semana*, sob o pseudônimo de Iracema. Isso fez ressurgir a luta pelo sufragismo no Brasil. Em 1920, Julita Monteiro Soares, acompanhando os passos de Leolinda, registrou o Partido Liberal Feminino.

Os anos 1920 foram de muita efervescência: o rebuliço no Brasil e no mundo com o final da sangrenta I Guerra Mundial, a Revolução Russa de 1917 que contagiou massas de trabalhadoras, além da luta das mulheres de todas as classes pela conquista da cidadania e pelo direito de voto, que percorreu o mundo e o Brasil de norte a sul.

Nos anos 1920, o país se preparava para as comemorações do Centenário da Independência, que aconteceria em 1922. Tanto organizações profissionais quanto o movimento de mulheres decidiram participar destes festejos. O Instituto dos Advogados do Brasil organizou um congresso no qual a advogada feminista Mirtes Campos apresentou uma comunicação sobre o voto feminino e teve uma resolução aprovada a favor da concessão do direito de voto às mulheres.

Pelo lado do movimento social, a ida de Bertha Lutz aos EUA para representar o Brasil na Conferência Pan-Americana de Mulheres foi vital para traçar sua perspectiva feminista para os anos vindouros. Lá, ela conheceu a histórica feminista norte-americana Carrie Chapman Catt, presidenta da NAWSA, importante associação feminista dos EUA, que discutiu com ela uma proposta para a associação brasileira que promovesse a educação da mulher, protegesse as mães e as crianças, garantisse o trabalho feminino e assegurasse direitos políticos.

Com esse modelo na cabeça Bertha retornou ao Brasil e criou a Fundação Brasileira pelo Progresso Feminino (FBPF). Como neste ano comemorava-se o Centenário da Independência, a FBPF convocou também sua primeira conferência. Para ampliar a influência da federação, Bertha convidou duas ilustres personalidades feministas: Carrie Chapman Catt, presidenta da Associação Americana de Mulheres, e O'Manys, delegada da Aliança dos Sufrágios da Holanda. E nos dias 19 a 23 de dezembro de 1922 realizou-se, na cidade do Rio de Janeiro, o I Congresso Internacional Feminista, organizado pela FBPF.

Esse evento projetou a FBPF no cenário político nacional e suas militantes fizeram uma ponte fecunda com os parlamentares favoráveis ao voto feminino. A estratégia da FBPF foi incentivar a fundação de associações feministas similares em todo o país. Há vestígios de federações regionais em praticamente todos os estados brasileiros.

Da intensa campanha política travada pelas sufragistas com os políticos brasileiros, a aliança mais significativa, sem dúvida, foi com o senador Juvenal Lamartine, do Partido Republicano do Rio Grande do Norte, membro da Comissão de Constituição e Justiça. Candidato a governador do Rio Grande do Norte, em 1927 anunciou que pretendia governar com o apoio das mulheres e que estas teriam o direito de votar e ser votadas. As feministas fizeram a campanha de Lamartine, que saiu vitorioso, e dessa aliança fez-se o ensaio de permitir o alistamento feminino na Justiça Eleitoral afrontando a ambiguidade da Constituição Federal. O Rio Grande do Norte inscreveu as primeiras eleitoras do Brasil e elegeu, em 1928, a primeira prefeita do Brasil, Alzira Soriano. Tudo depois anulado pelos tribunais do Rio de Janeiro (Marques, 2016).

1932 – A vitória feminista e a conquista dos direitos civis

Os ventos da revolta sopraram fortes e a bancarrota da Bolsa de Nova York precipitou a crise da primeira República. Em outubro de 1930, a revolução tenentista mudou a cara da elite do Brasil. As forças que acompanharam Getúlio Vargas ao poder contavam com adeptas da luta pelo direito ao voto e, em 1932, foi assinado o Código Eleitoral Provisório (24 de fevereiro de 1932), concedendo o direito de voto às mulheres.

Animadas pela vitória, as mulheres tiveram participação ativa na efervescência política desses anos e marcaram sua presença nos pleitos eleitorais de 1933 e 1934. Foram candidatas a deputadas federais e estaduais, prefeitas e vereadoras. Infelizmente, obtiveram menos sucesso do que o desejado, mas elegeu-se a médica Carlota Pereira de Queiroz (1892-1982) deputada federal pelo estado de São Paulo e Bertha Lutz como primeira suplente de deputado federal pelo Distrito Federal (DF); 214 homens e apenas uma mulher.

Na representação classista para a escrita da nova Carta Constitucional, havia sido eleita a trabalhadora Almerinda Gama (1899-?), que era negra e representante do Sindicato dos Datilógrafos e Taquígrafos e da Federação do Trabalho do Distrito Federal, militante feminista da FBPF.

Em 1936, com a morte do deputado federal pelo DF Cândido Pessoa, a deputada suplente Bertha Lutz assumiu o mandato. Sua diplomação foi intensamente comemorada pelas feministas nacionais. A deputada federal Carlota Queiroz deixou como sua marca na Câmara Federal o primeiro projeto nacional sobre a criação de serviços sociais no país. Bertha, por sua vez, pontuou seu mandato com a apresentação do projeto do Estatuto da Mulher, que propunha a reformulação da legislação brasileira quanto ao trabalho feminino e a criação do Departamento Nacional da Mulher, este um embrião da primeira política pública nacional para as mulheres (Marques, 2016a). Bertha conduziu seu mandato fiel aos princípios feministas até novembro de 1937, quando Vargas fechou o parlamento brasileiro e instaurou o Estado Novo.

Nos estados brasileiros, em 1934, foram realizadas eleições para assembleias legislativas e prefeituras: as mulheres, animadas com o direito ao voto, ensaiaram entrar na política. A FBPF apoiou muitas candidaturas em vários estados; foram muitas as mulheres que responderam a este chamado, mas apenas algumas obtiveram êxito. O garimpo histórico de Teresa Marques (2016a – anexo 3) registra que foram eleitas para as assembleias constituintes estaduais 11 deputadas estaduais e 11 vereadoras naquele ano.

Uma delas a professora Antonieta de Barros (SC), primeira parlamentar negra brasileira.

Além da busca por mandatos eletivos, elas também tomaram parte em duas organizações de massas que emergiram no Brasil, entre 1933 e 1937: a Aliança Nacional Libertadora (ANL) e a Ação Integralista Brasileira (AIB). A primeira com forte influência do pensamento de esquerda e a segunda do movimento fascista.

A ALN foi organizada no início de 1935 e representou uma frente política ampla com setores democráticos nacionais, sindicalistas, comunistas e correntes do tenentismo. Sua plataforma tinha três pilares: anti-imperialista, antifascista e contra o latifúndio. Preconizava a reforma agrária, a suspensão da dívida externa, a nacionalização das empresas estrangeiras (Penna, 1999) sob a presidência de honra do lendário capitão Luís Carlos Prestes.

Muitas mulheres, profissionais liberais, intelectuais, sindicalistas haviam entrado de cabeça no movimento. Elas fundaram a União Feminina Brasileira, em 1935, uma organização de mulheres ligada à ANL, e a Frente Popular Antifascista, cujo lema era "pão, terra e liberdade". Esta participação política feminina deu-se através do Partido Comunista do Brasil (PCB), ou pelo ideário democrata e avanço social do pensamento libertário na sociedade. Entre elas, estava a médica

Nise da Silveira, muito conhecida por seus métodos de humanização do tratamento psiquiátrico. Muitas cumpriram penas de prisão naqueles anos pelo interlúdio democrata vivido no Brasil.

Por sua vez, a Ação Integralista Brasileira (AIB), fundada em 1932 pelo escritor e jornalista Plínio Salgado, teve uma grande repercussão na sociedade brasileira. Sua plataforma defendia o pensamento católico tradicionalista, o primado da família e da nação e atacava violentamente os comunistas (Penna, 1999), além disso, apregoava o tradicional papel feminino. Mas os integralistas captaram as demandas de seu tempo e possibilitaram às mulheres alguma autonomia no exercício destas práticas e representações no espaço político. Criaram departamentos femininos pelos quais as militantes integralistas passaram a exercer na esfera pública politicas beneficentes, como desenvolvimento de ambulatórios, lactários e distribuição de leite.

A voz política feminina limitava-se ao exercício destas práticas assistencialistas no âmbito do tradicional papel materno. Leituras do jornal integralista *A Offensiva* mostram artigos escritos por mulheres que refletem este tempo. Na disputa ferrenha com a ANL, a AIB se aproximou do governo Vargas e participou do golpe de Estado de novembro de 1937. A aliança, porém, durou poucos meses (Penna, 1999).

A marcha lenta das lutas feministas nos anos 1940 e 1950

A história política nacional nunca se caracterizou pela participação popular, sendo marcada pelo poder autoritário, tanto em termos políticos, quanto nas relações interpessoais e familiares – senhor--escravo, marido-mulher, pai-filhos/filhas. Para as mulheres, este cerceamento foi mais profundo: só a partir dos anos 1930, com a conquista do direito de voto para aquelas que tinham furado o bloqueio e se escolarizado, foi que a vida feminina foi lentamente transformada nas décadas vindouras. Obtida a cidadania, o movimento feminista não teve forças para superar a despolitização das massas femininas, ao lado do cerceamento das liberdades democráticas interrompidas pelo golpe de 1937.

Essa despolitização feminina não foi nem contaminada pela euforia da vitória das forças antifascistas ao final da Segunda Grande Guerra (1939-1945). As brasileiras, ainda socializadas para os cuidados e a reprodução humana, não reverteram uma apatia em relação à política.

Mas, seguramente, os tempos já eram outros. Em 1949, a escritora francesa Simone de Beauvoir publicou o livro *O segundo sexo*. Nele, Beauvoir postulava que "não se nasce mulher, torna-se mulher" e que a segregação sexual não é inerente a natureza feminina, mas uma construção social.

A obra conquistou toda uma geração de mulheres e fez renascer o feminismo no mundo. Apenas nos Estados Unidos, vendeu 1 milhão de exemplares. Logo foi proibido pela Igreja Católica e criticado pelos homens por instigar o ódio entre os sexos. No Brasil, em 1970, já havia quatro edições do livro.[8]

Assim, a rebelião feminina que se levantava na Europa e nos Estados Unidos lentamente foi chegando aos trópicos. Não deixa de ser surpreendente que toda a mobilização e a convocatória da Constituinte em 1945 não tenham se refletido num aumento da participação feminina no Congresso Nacional. Lamentavelmente nenhuma mulher foi eleita, embora várias tenham concorrido. Apenas pela legenda do Partido Comunista do Brasil (PCB) foram 17 mulheres candidatas em diversos estados brasileiros.

Esta relativa efervescência do pós-II Guerra Mundial murchou nas eleições ocorridas na década de 1950, quando só duas mulheres

---

[8] Não se conseguiu estabelecer a data precisa da primeira edição.

conseguiram se eleger deputadas federais: Ivete Vargas (PTB/SP) e Nita Costa (PTB/BA). Nas eleições de 1963 a 1967, seis mulheres foram eleitas.

Mulheres negras em ação: as organizações de resistência

A agitação política da redemocratização também contribuiu para o avanço da luta antirracista. A ebulição política dos anos 1930 tinha repercutido no movimento negro. Jornais foram publicados e, sobretudo, a Frente Negra colocou a luta contra o racismo na pauta nacional, ao recusar a ideia do branqueamento e seguir uma linha nacionalista em defesa da pátria, família e da raça. Nessa década, destacaram-se, em São Paulo, Celina Campos, professora de música, Antonieta e Gersen Barbosa, que implantaram inúmeras bibliotecas, e Laudelina Campos de Melo, que fundou a Associação de Empregadas Domésticas em Santos. Foram das principais mulheres do movimento negro. Benedita da Costa fundou o grupo Rosas Negras, que organizava bailes com o objetivo de ampliar o suporte financeiro ao movimento. Em 1945, foi criada em São Paulo a Associação do Negro Brasileiro, que publicava o jornal *Alvorada*. A população negra articulava a reivindicação de educação e no combate ao racismo.

Ainda em 1944, o movimento negro liderado por Abdias Nascimento, Ruth de Souza e Agnaldo Camargo fundou o Teatro Experimental do Negro (TEN) no Rio de Janeiro. Esta ação teve um importante papel na luta antirracista porque congregou inúmeras mulheres e homens nesse esforço. No ano de 1950, foi organizado o I Congresso do Negro Brasileiro, muitas mulheres negras participaram destas atividades denunciando, sobretudo, a precária situação das empregadas domésticas, que a legislação protetora do trabalho (CLT) havia excluído do texto. Das fileiras do movimento negro, a assistente social Maria de Lurdes Vale do Nascimento fundou em 1950 o Conselho Nacional de Mulheres Negras, que propunha a criação de uma associação profissional de empregadas domésticas e atividades de artes, como balé e teatro.

Em 1951, o Congresso Nacional promulgava a Lei Afonso Arinos, que incluía entre as contravenções penais a prática de atos de preconceitos de raça e cor.

Nestes anos a publicação do livro *Quarto de despejo: o diário de uma favelada*, em 1960, de Carolina Maria de Jesus (1914-1977), denunciava as péssimas condições de vida do povo negro, num relato pungente do cotidiano dos moradores das favelas – vendeu 100 mil exemplares, foi traduzido em 13 idiomas e vendido em 40 países. Entretanto, Carolina morreu pobre e esquecida, como tinha sido até então o destino de tantas outras mulheres negras. O crescimento do movimento de mulheres nos anos 1970 em diante vai fazer nascer também no seio do movimento negro uma rebelião feminista que unia as questões raciais e de sexo.

Explode outra onda de revoltas feministas

A ebulição dos anos 1960 nos Estados Unidos da luta dos negros americanos pelos direitos civis, junto com os movimentos contra a guerra no Vietnã, explodiu no mundo clamando por igualdade e o fim daquela guerra. E a publicação do livro *A mística feminina* (1963) da americana Betty Friedan foi uma fagulha no palheiro. Elas foram à luta nos EUA e na Europa: americanas, francesas, inglesas, italianas ganharam as ruas, afirmando que "nosso corpo nos pertence, o privado é político, salário igual para trabalho igual" – essas foram algumas ideias difundidas pelo novo movimento feminista. O grito repercutiu nos organismos internacionais e a Organização das Nações Unidas (ONU) instituiu 1975 como o Ano Internacional

> **CAROLINA MARIA DE JESUS**
>
> 22 de julho: Eu sou muito alegre. Todas as manhãs eu canto. Sou como as aves, que cantam apenas ao amanhecer. De manhã eu estou sempre alegre. A primeira coisa que faço é abrir a janela e contemplar o espaço. [...]
>
> 11 de maio: Ontem eu ganhei metade de uma cabeça de porco No frigorífico. Comemos a carne e guardei os ossos. E hoje pus os ossos para ferver. E com o caldo fiz as batatas. Os meus filhos estão sempre com fome. Quando eles passam muita fome eles não são exigentes no paladar.
> Surgiu a noite. As estrelas estão ocultas. O barraco está cheio de pernilongos. Eu vou acender uma folha de jornal e passar pelas paredes. É assim que os favelados matam mosquitos. [...]
>
> 15 de maio: Eu classifico São Paulo assim: o Palácio é a sala de visita. A Prefeitura é a sala de jantar e a cidade é o jardim. E a favela é o quintal onde jogam lixo. [...]
>
> 13 de maio: E assim no dia 13 de maio de 1958 eu lutava contra a escravatura atual – a fome! [...]
>
> Fonte: Jesus (2014: 25, 30, 32).

da Mulher e convocou para aquele ano na cidade do México a I Conferência Internacional da Mulher.

No Brasil, o Ano Internacional da Mulher foi um importante marco no ressurgimento do feminismo. Debaixo do regime militar, com liberdades democráticas cerceadas, a iniciativa da ONU propiciou às mulheres brasileiras um espaço de organização e discussão. O governo militar convidou a veterana brasileira das lutas feministas, a bióloga Bertha Lutz, para chefiar a delegação brasileira na ida à Cidade do México para a conferência. No Rio de Janeiro, no embalo da convocatória dessa conferência, um grupo de mulheres articulou o seminário "O papel e o comportamento da mulher na realidade brasileira", organizado pelas cariocas Mariska Ribeiro, Branca Moreira Alves, Jacqueline Pitanguy, Leila Linhares Barsted, Elice Muneratto, Maria Luiza Heilbron, Maria Helena Darci de Oliveira, entre outras mulheres. Esse evento culminou com a criação no Rio de Janeiro do Centro da Mulher Brasileira (CMB), primeira organização do novo feminismo nacional em 1975.

A iniciativa da ONU irradiou-se para o campo mais amplo dos direitos humanos e surgiu o Movimento Feminino pela Anistia, unindo a luta pela democratização do país com a discriminação especifica das mulheres.

As mulheres negras apresentaram neste seminário o *Manifesto das Mulheres Negras*, considerado por Kia Lilly Caldwell (2000:97) o primeiro reconhecimento formal das divisões raciais no interior do movimento feminista nacional. Em 1978, surgiu o Movimento Unificado Contra a Discriminação Racial e depois intitulado Movimento Negro Unificado. Neste contexto, emergiu a figura lendária de Lélia Gonzalez (1935-1994), uma das principais lideranças feministas negras e uma das precursoras da introdução das questões de gênero e raça na sociedade brasileira.

Logo uma imprensa feminista foi lançada com os jornais *Brasil Mulher* e *Nós Mulheres*, que denunciavam a opressão sexual da mulher. No início dos aos 1980, havia inúmeros grupos de mulheres espalhados pelo Brasil afora, constituindo um eclético movimento de mulheres brasileiras. Esta mobilização alcança as mulheres trabalhadoras, que passam a organizar dezenas de encontros. São mulheres negras, lésbicas, metalúrgicas, químicas, que, despidas das diferenças, descobrem-se mulheres oprimidas e que se desejam autônomas na sua luta específica em relação aos partidos políticos, aos homens e ao Estado.

Ao longo dos últimos 37 anos, a luta das mulheres brasileiras foi pontuada por vitórias e derrotas, a articulação com o Estado foi limitada. Na segunda década do século XXI, novas ondas feministas espalharam-se pelas ruas do mundo e do Brasil. Desde 2013 as ruas, escolas e universidades se encheram de jovens e grupos feministas que defendem com coragem as conquistas obtidas nos últimos 40 anos. Assim, clamam pelo fim da discriminação no mercado de trabalho, com igualdade de rendimentos para as mesmas funções e acesso aos cargos de direção, pela igualdade nas hierarquias religiosas, nos partidos políticos, nos organismos de classe. As mulheres exigem um novo espaço social e de novas relações de gênero. Bem como o respeito ao corpo feminino, seja pela descriminalização do aborto, pelo fim do assédio e da violência doméstica. Essa pauta de reivindicações ainda lembra muito à do século XX; brechas foram feitas, mas elas ainda são insuficientes para vencer o patriarcado.

4. AS MULHERES E A DEMOGRAFIA

Uma minoria que, quase sempre, é maioria

Das cerca de 7,5 bilhões de pessoas que habitavam o mundo em 2017, 49,5%, ou seja, a minoria, eram mulheres. Pode parecer estranho à primeira vista, pois vivemos no Brasil, onde se registra o oposto. Assim acontece também na maioria dos países, porém, como nos mais populosos – China e Índia – a prevalência é masculina (em torno de 52%), isso acaba tendo impacto nos números da população mundial. Nas Américas, apenas no Suriname e no Paraguai, as mulheres não são a maioria.

Existem, portanto, em torno de 60 milhões de homens a mais no mundo. Não há explicações científicas suficientes para o porquê de nascerem mais homens – e isso em qualquer país. A razão mundial é de 105 meninos nascidos vivos para cada grupo de 100 meninas. Ao longo da vida, eles costumam morrer muito antes das mulheres, de causas não naturais, como os acidentes. Na maioria dos países, a pequena vantagem no número de homens vai desaparecendo aos poucos. Assim, quanto mais uma população envelhece, maior se torna a presença de mulheres. Nos grupos de pessoas com 60 anos ou mais, em média, as mulheres no mundo são 54% do total; e chegam a 62% das pessoas com 80 anos ou mais.[9]

---

[9] Ver <http://unstats.un.org/unsd/gender/chapter1/chapter1.html>.

No Brasil, onde a população é de aproximadamente 207 milhões de pessoas – a quinta maior população do planeta –, 52% dela é formada por mulheres, isso ainda que também nasçam mais meninos que meninas. Apenas na Região Norte a presença de homens é superior à de mulheres.

A proporção de pessoas do sexo masculino mantém-se maior até os 25 anos, quando as mulheres passam a ser maioria.

Dentro do total do contingente feminino, há 53% de mulheres pretas e pardas, 46% de brancas e 1% de indígenas e amarelas, de acordo com a classificação do Censo de 2010 do IBGE. As variações são enormes em todo o Brasil, nas regiões Sul e Sudeste, a maioria das mulheres é branca, enquanto nas regiões Norte, Nordeste e Centro-Oeste, acontece o oposto.

Essa presença maciça de mulheres, que só tende a aumentar com o processo natural de envelhecimento da população, contrasta com a ideia de que se trata de uma "minoria", como muitas vezes são tratadas quando falamos de "políticas para minorias". Na realidade, as mulheres são um grupo mais vulnerável, com menos poder de decisão, mas, assim como a soma de pretos e pardos no país, não são numericamente minoria, mas maioria.

O percentual de mulheres no Brasil foi aumentando bastante no decorrer da história, considerando como ponto inicial desde quando se começou a fazer esse tipo de contagem. Acredita-se que, quando ainda éramos um espaço apenas povoado por tribos indígenas, houvesse um número semelhante de homens e mulheres, porém os movimentos migratórios, tais como o da conquista, nos séculos XVI e XVII e XVIII, trouxeram maiores contingentes de população masculina.

O primeiro censo brasileiro, realizado em 1872, informava que havia aqui 5,1 milhões de homens e 4,8 milhões de mulheres. Tais proporções só viriam a se igualar em 1940. No Censo de 1950, as mulheres se tornaram maioria na população brasileira. Percentual que só foi aumentando durante os anos conforme a população vai aumentando sua expectativa de vida. Quanto mais idosa é uma população, mais feminina ela será (Itaboraí e Ricoldi, 2016).

O maior número de mulheres deve-se à maior expectativa de vida feminina: em 2012, a esperança de vida das mulheres era de 78,2 anos e a dos homens, de 70,9 anos. Entre 1950-1955, a esperança de vida para as mulheres era de 49,3 anos para homens e 52,8 anos para as mulheres. Essa maior longevidade faz com que a razão de sexo, no Brasil, seja de 100 mulheres para 94 homens.

Tendo uma vida mais extensa que os homens, é nas faixas etárias mais altas que há uma predominância feminina. Essas mudanças no perfil etário da população devem-se à redução das taxas brutas de mortalidade e de natalidade. Tal tendência é uma característica importante deste milênio e ocorre no mundo inteiro; os avanços da medicina e a queda da fecundidade explicam o fenômeno demográ-

GRÁFICO 1: Brasil, por cor, sexo e região

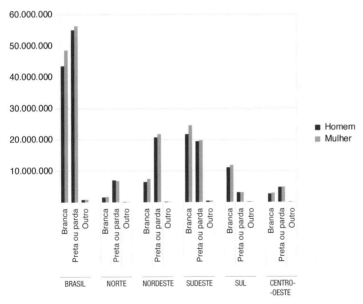

Fonte: IBGE, Pesquisa Nacional por Amostra de Domicílios. Rio de Janeiro, 2012.

fico. É importante, porém, frisar que essa elevação da expectativa de vida tem se dado de forma bastante desigual entre os diversos grupos sociais. Quanto maior a renda de um determinado grupo ou país, maiores serão os diferenciais no que tange à expectativa de vida.

Mudanças na fecundidade

A história da queda da fecundidade talvez seja uma das mais interessantes na linha dos processos demográficos pelos quais as mulheres vêm passando. Isso porque, não apenas aqui, mas em todo mundo, ao longo do século XX, elas diminuíram drasticamente os níveis de fecundidade.

No Brasil especificamente, o processo começa a ser notado nos anos 1970 por pesquisadoras e pesquisadores, tais como Elza Berquó e José Alberto Magno, que estudavam o tema. É fácil enxergar essa mudança se olharmos para as nossas próprias histórias familiares. Nossas bisavós certamente tiveram muito mais vezes grávidas que nossas avós, nossas mães e nós mesmas. Se não necessariamente tiveram muitos filhos, é porque muitas vidas de recém-nascidos também se perdiam.

O exemplo do que passou com essas mulheres nos ajuda a visualizar o que ocorreu com a história das taxas de fecundidade no país. O processo, ainda que não homogêneo em sua velocidade, deu-se em todas as classes sociais. As mulheres de menor renda e com menos anos de estudo ainda têm mais filhos que as de maior renda e mais anos de estudo, mas ambas vivenciaram quedas bastante intensas nas taxas de fecundidade.

No mundo, a média, que já foi de 4,9 filhos por mulher, estava, em 2014, em 2,4 filhos por mulher. Ocorre uma enorme variação nesses dados a depender do país observado. Há uma forte correlação entre países de PIB *per capita* mais baixo e altas taxas de fecundidade. É importante destacar, porém, que não se pode afirmar que a pobreza por si mesma é causadora de maior número de filhos.

A maioria daqueles países nos quais se mantêm altas taxas de fecundidade está localizada na África. Na Nigéria, por exemplo, a média é de 6,6 filhos por mulher, a maior do mundo. Ainda que possa haver outros fatores que empurram a fecundidade para cima, como fundamentos religiosos (caso de Israel, por exemplo), normalmente a situação de precariedade, que impossibilita as mulheres de terem disponíveis os instrumentos necessários para evitar o número em excesso de filhos, é o fator de maior impacto. O Brasil, em termos de fecundidade, se encontra na 160ª posição (considerando da mais alta à mais baixa), perto de países em bem melhor situação econômica e de desenvolvimento, como Austrália e Finlândia. Na Romênia ou na Polônia, a taxa de filhos por mulheres já está abaixo do 1,5 filho.[10]

Mesmo que se reconheça que esses filhos são também dos homens, sabe-se que é na vida das mulheres que ainda ocorre o maior impacto da reprodução. Por isso, conhecer os dados e as discussões sobre fecundidade é de fundamental importância para os estudos da mulher. A maternidade – mesmo que possa ou não fazer parte da trajetória de uma mulher – ainda é um percurso trilhado pela maior parte das pessoas do sexo feminino no mundo. Assim como no Brasil. A tabela 1 mostra que, apesar da enorme diferença quando separadas as mulheres por anos de estudo, ainda é maior o percentual daquelas que têm um filho ou mais que o daquelas que não têm filhos, independentemente da escolaridade.

No Brasil, a taxa de fecundidade das mulheres reduziu-se drasticamente nas últimas décadas. Entre 1940 e 1960, a taxa média de fecundidade era de 6,3 filhos por mulher, muitas pessoas chegavam a ter, portanto, mais de seis filhos. Nos anos 1970, a taxa era ainda de 5,8 filhos; em 2011, ela chegou a 1,95 filho por mulher e, em 2015, já era de 1,72 filho. A queda, entre outros fatores, está intimamente

---

[10] <https://www.cia.gov/library/publications/the-world-factbook/rankorder/2127rank.html>.

TABELA 1

Grandes regiões e grupos de idade	Mulheres de 15 a 49 anos de idade, por grupos de anos de estudo, com indicação de filhos nascidos vivos (%)			
	Com até 7 anos de estudo		Com 8 anos ou mais de estudo	
	Nenhum filho	1 filho ou mais	Nenhum filho	1 filho ou mais
	22,1	77	43,5	56

Fonte: IBGE.

relacionada ao aumento dos anos de estudo: quanto mais escolarizadas são, menores taxas de fecundidade são registradas.

Ainda que o censo comum repita que, no Brasil, as mulheres pobres têm muitos filhos, isso não ocorre de forma geral e irrestrita. A taxa média de 1,72 filho está abaixo dos 2,1, que é considerada a taxa de reposição de uma sociedade (ou seja, a taxa para essa sociedade se manter com o mesmo número de pessoas). De fato, há grandes diferenças pelo país: apenas nos estados da Região Norte (com exceção de Rondônia e Tocantins) e no Maranhão, as taxas continuam um pouco acima dos dois filhos por mulher. No Sudeste, a média é de 1,59.

A queda da fecundidade foi bastante rápida no Brasil. Algumas demógrafas e demógrafos consideram que o aborto, mesmo ilegal, foi parte relevante desta história, assim como a distribuição de pílula anticoncepcional. Outros aspectos como a urbanização têm também forte influência como fator explicativo desta mudança de comportamento (Martine et al., 2013).

Na quase totalidade dos países, a taxa de fecundidade da população rural é maior que a da urbana, enquanto no campo filhos a mais significam maior disponibilidade de força de trabalho; nas cidades filhos a mais representam mais gastos, sem a rede de apoio de cuidados das zonas rurais. O Brasil é hoje um país urbano, espaço no qual residem 84% da população. Entre as mulheres, 85,8% delas habitam zonas urbanas,

GRÁFICO 2: Intervalo entre o nascimento do primeiro e do último filho, mulheres de 40 a 49 anos residentes no Nordeste e Sudeste que tiveram pelo menos dois filhos

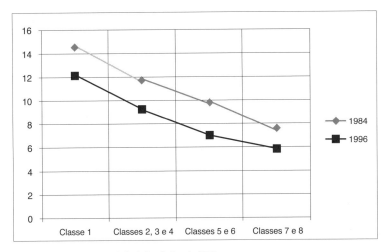

Fonte: Itaboraí (2015) a partir de dados da Pnad e PPV.

e 14,2% permanecem em zonas rurais. As mulheres estão proporcionalmente mais presentes nas cidades, quando comparadas aos homens.

Convém chamar a atenção para um fato: a desigualdade brasileira – nas suas mais variadas dimensões – também se exprimiu nas taxas de fecundidade. Nos anos 1970, a taxa média nas áreas rurais era de 7,7 filhos por mulher; enquanto nas áreas urbanas já era de 4,6. Nos anos 2010, ela caiu para 2,6 nas áreas rurais e para 1,8 nas áreas urbanas.

Os anos de estudo das mulheres acabaram significando uma diferença de quatro décadas nos diferentes padrões de fecundidade:

> O nível de fecundidade do conjunto das brasileiras atingiu 1,9 filhos por mulher, em média, apenas em 2010. Contudo, essa média reduzida já havia sido alcançada pelas mulheres com curso superior completo em 1970 [...]. Foram necessários 40 anos para que as demais camadas sociais atenuassem as diferenças de fecundidade com relação às precursoras [Itaboraí, 2015].

A expectativa é que, em 2030, a taxa de fecundidade alcance 1,51 filhos por mulher, e a proporção de idosos na população seja maior que a de pessoas com menos de 15 anos. Isso significa que as políticas públicas deverão se adequar a essa nova realidade, de uma população idosa e majoritariamente feminina.

As mulheres estão tendo menos filhos e dedicam à gestação e à geração de crianças um intervalo de tempo mais curto em suas vidas; isso em todas as classes sociais (Itaboraí, 2015).

A gravidez na adolescência e seus impactos

Ainda que a fecundidade tenha caído no Brasil de forma consistente, as taxas de gravidez na adolescência permanecem mais altas que em muitos países. Nos anos 1960, segundo o censo, elas eram de 86,5 nascimentos por cada grupo de mil mulheres entre 15 e 19 anos; hoje são 59,4; o que permanece sendo mais que nos países desenvolvidos. Na América Latina, a taxa é de 66,5. Na Europa, a chamada taxa específica de fecundidade é de 16,2 por mil; na América do Norte, de 28,3.

Se o nascimento de um filho já tem um enorme impacto na vida de uma mulher adulta, a situação se agrava quando se trata de uma jovem, que ou não terminou seu tempo escolar e/ou não tem suporte financeiro ou emocional para tamanha mudança. A pesquisa Gravidez na adolescência: estudo multicêntrico interdisciplinar sobre jovens, sexualidade e reprodução no Brasil (Gravad), realizada pela Universidade do Estado do Rio de Janeiro (Uerj), mostra que a gravidez e o nascimento do primeiro filho ocorrem em grande proporção após a interrupção e/ou conclusão dos estudos. É o caso de aproximadamente 40% das moças e 48% dos rapazes, que se tornaram pais com até 19 anos de idade (Melo, 2015).

A maternidade adolescente (mas também a paternidade) deriva de um quadro complexo de determinantes sociais e biográficos, no qual o processo de autonomização da sexualidade frente à reprodução – dimensão tão enfatizada no contexto das mudanças contemporâneas no campo da sexualidade – ainda não se completou, especialmente nos segmentos sociais mais desfavorecidos [Melo, 2015].

Haveria, de acordo com a autora, um aspecto de família como valor, segundo o qual tornar-se mãe traz consigo o reconhecimento do papel social. Essa jovem de baixa renda poderia ver mais retorno de seus esforços na maternidade que na atividade escolar.

A gravidez na adolescência é um tema bastante importante no que concerne às batalhas das mulheres, uma vez que ela termina por aumentar a vulnerabilidade de jovens, sobretudo daquelas do sexo feminino e de famílias de menor renda, tendo impacto em toda a trajetória de vida dessa adolescente.

Mas, mais uma vez, os anos de estudo são uma variável explicativa fundamental: quanto mais anos de estudo, menos gravidez na adolescência. Segundo Cavenaghi e Berquó (2014), para mulheres de 15 a 19 anos de idade com 0 a 3 anos de estudo (em 2010, 7,5 milhões de mulheres), a taxa de fecundidade correspondia a cerca de 153 nascidos vivos por mil mulheres, muito próxima da fecundidade daquelas de 20 a 24 anos (174 nascidos vivos por mil mulheres). Para o grupo de 4 a 8 anos de estudos, a taxa específica das adolescentes e jovens caía para 135 por mil, em 2010, contra 10 e 7 por mil, respectivamente, para aquelas com 9 a 12 anos ou mais de estudo.

O processo por que passou o Brasil foi análogo ao que estava ocorrendo na média dos países latino-americanos. Ainda que as jovens mães tivessem acesso à educação, com a ampliação dos sistemas que ocorreu na maioria dos países, as jovens entre 15 e 19 anos acabaram, mesmo assim, mantendo níveis altos de fecundidade.

A relação entre maternidade e educação é influenciada por aspectos mais complexos, como aspirações e projetos, além de relação de gêneros (vale lembrar o quão machista é a América Latina). Em um cenário de educação de má qualidade e empregos com salário baixo, a ideia de constituir uma família passa a ser nem tão desinteressante assim. Portanto, parte do fenômeno da gravidez jovem não desejada está relacionada à combinação de atividade sexual precoce, ausência de educação sexual adequada e uso inadequado de métodos contraceptivos. Os dois últimos pontos poderiam certamente ser foco de políticas públicas na América Latina e, mais especificamente, no Brasil.

A relativa resistência de queda dessa taxa no Brasil, uma vez que o Censo de 2000, em vez de apresentar queda indicou uma alta nas taxas, foi bastante discutida. Uma das hipóteses era de que as jovens não estivessem conseguindo separar sexualidade de reprodução (Berquó et al., 2008). A partir dos anos 2000, porém, a fecundidade entre as jovens voltou a cair, apresentando tendências aparentemente contrárias às que vinham sendo observadas nos resultados dos últimos censos demográficos. Os dados de 2020 ajudarão a mostrar se houve manutenção nessa tendência de queda e também devem indicar se os países latino-americanos começam a se aproximar aos de menores casos de gravidez na adolescência.

O rejuvenescimento da fecundidade, que vinha sendo registrado há várias décadas, já não ocorre e pode até acontecer uma pequena postergação da fecundidade (Cavenaghi e Berquó, 2014).

Mortalidade materna

O mundo experimentou uma queda intensa no índice de mortalidade materna ocorrida em decorrência de problemas relacionados com a gravidez. A mortalidade materna é medida pelo número de mulheres que morrem de causas relacionadas à gravidez até 42 dias após o fim da gestação por 100 mil nascidos vivos. Se, em 1990, essa taxa era de 385 mortes para cada 100 mil nascidos vivos, em 2015, ela alcançou 216 mortes maternas para cada 100 mil nascidos vivos.

No Brasil, somente nas últimas décadas, a saúde sexual e reprodutiva foi alvo de políticas públicas, tais como planejamento familiar, combate ao câncer de mama e de útero, doenças sexualmente transmissíveis e os cuidados com o pré-natal, parto e puerpério. A prática do aborto continua criminalizada, com exceções para os casos de estupro, risco de vida da mãe e fetos com anencefalia (este por decisão do Supremo Tribunal Federal).

Foi possível melhorar os índices de mortalidade materna no Brasil devido às complicações do parto, mas esses ainda continuam muito elevados: em 2011, 65 óbitos maternos por cada 100 mil nascidos vivos. Em mais de 90% dos casos, as mortes maternas podiam

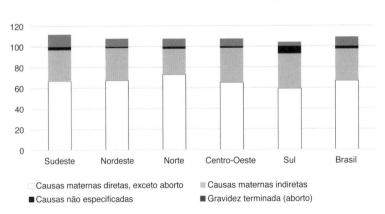

GRÁFICO 3: Brasil, mortalidade materna, segundo tipo de causas, em %

Fonte: Ministério da Saúde/SVS - Sistema de Informação de Mortalidade (SIM, 2011).

GRÁFICO 4: Distribuição percentual da mortalidade materna por cor ou raça (2012, Brasil)

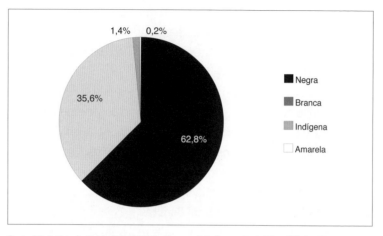

Fonte: Ministério da Saúde/SVS/CGIAE - Sistema de Informação de Mortalidade (SIM, 2012).
Nota: Dados preliminares para 2012.

ser evitadas, pois são decorrentes de hipertensão arterial, hemorragias e infecções pós-parto e abortos, sendo todas contornáveis caso os serviços de saúde fossem mais eficazes. O aborto, realizado de forma ilegal, porque criminalizado, ainda é uma das principais causas de mortes de mulheres.

A mortalidade materna ainda atinge muito mais mulheres negras e de baixa renda, como mostra o gráfico 4. Entre as principais causas está a maior precariedade no emprego e na moradia, mas também menor disponibilidade de serviços de saúde para que as grávidas desses grupos frequentem as consultas do pré-natal, nas quais é possível prevenir uma série de doenças mais graves e que têm maior incidência entre as mulheres. A taxa de mulheres brancas que frequentam as consultas de pré-natal é quase 50% mais alta que a das pretas e pardas.

Padrões de nupcialidade

As mudanças culturais vividas pela população brasileira nas últimas décadas traduziram-se em transformações nas características das famílias. Estas, por sua vez, têm papel importante na dinâmica da reprodução das condições de vida material da população. Novas formas de organização das famílias emergiram. Há um elevado número de pessoas morando sozinhas e de pessoas que optam por não ter filhos; há ainda as famílias "tradicionais", as que têm dois homens ou duas mulheres com seus filhos ou filhas, as que são formadas apenas por mães com seus filhos e várias outras. Entre as causas dessas mudanças, estão a queda de fecundidade, o envelhecimento da população, divórcios, casamentos, novos arranjos familiares e maternidades postergadas.

Tais transformações estão diretamente relacionadas ao papel que as mulheres desempenham na sociedade. O movimento feminista contribuiu para visibilizar os espaços atribuídos às mulheres e produziu mudanças importantes: dissociação entre exercício da sexualidade e reprodução (pelo uso da pílula contraceptiva e das práticas sexuais cotidianas); novas convenções das relações de gênero, que questionam os tradicionais papéis masculino (homem provedor) e feminino (mulher cuidadora). Além disso, a divisão sexual do trabalho foi abalada com a entrada massiva das mulheres na escola e no mercado de trabalho, a partir dos anos 1970. O aumento dos arranjos familiares comandados por mulheres, ou de famílias cujas mulheres participam do mercado de trabalho, provocou uma elevação em seu número como contribuintes para a renda familiar e, hoje, tal participação supera os 40% do rendimento familiar.

Seja como for, persistem também formas mais tradicionais de estrutura familiar. Se a modernidade trouxe, sim, mudanças, os processos são bastante lentos e vão ocorrendo de forma não linear, com avanços e recuos (Araújo e Scalon, 2005). Ainda é esperado socialmente que o lugar dos afetos e do cuidado seja ocupado prioritariamente pelas mulheres, assim como sua inserção social prevê uma série de limitações ao espaço doméstico.

Às mulheres, cabem as atribuições no âmbito privado muito mais que no espaço público. Maternidade e casamento ainda são vistos como etapas quase necessárias da vida de uma mulher. Numa pesquisa de 2005, publicada no livro *Gênero, família e trabalho no Brasil* (Araújo e Scalon), 45,1% das mulheres concordavam com a frase "O trabalho do homem é ganhar dinheiro, o trabalho da mulher é cuidar da casa e da família"; outras 5,3% não concordavam nem discordavam. Essa visão se modifica se a mulher é assalariada ou se trabalha apenas em casa.

Mesmo que a década que separa este texto da pesquisa citada tenha trazido muitos debates sobre o papel da mulher, vê-se que ainda há muita resistência quando se trata de romper com o padrão do cuidado doméstico e familiar.

Certamente há um processo de transformação em curso que não é exclusivo do Brasil. Na Europa e nos países de maior renda, essas trajetórias já avançaram muito mais e as discussões das mulheres se dão em outros âmbitos. No entanto o fenômeno de mudança nos padrões foi generalizado nos países ocidentais – e alguns do oriente – durante o século XX e se mantém no século XXI.

Tanto as mulheres quanto os homens estão se casando mais tarde, refletindo o aumento dos níveis de escolaridade, o ingresso posterior na força de trabalho, a maior independência econômica das mulheres e o aumento das uniões informais. As mulheres continuam a casar mais cedo do que os homens, aos 25 anos, em média, enquanto os homens se casam com 29 anos. Ainda é tristemente alta – mesmo tendo baixado ao longo do tempo – a taxa de casamento infantil, que viola os direitos humanos, limita as oportunidades de meninas e aumenta os riscos de violência doméstica e isolamento. Quase metade das mulheres no sul da Ásia e 2/5 na África subsaariana se casaram antes dos 18 anos.

Cada vez mais, ter filhos está se desvinculando do casamento formal. Como resultado desta tendência e do aumento das taxas de divórcio, as famílias monoparentais (ou seja, com apenas um responsável) estão aumentando sua presença; isso tanto em regiões de maior quanto de menor renda. Essas famílias se constituem sobretudo por mães solteiras.

As mudanças nas estruturas familiares brasileiras acabaram subvertendo o padrão de dependência familiar feminino. Essas transformações não ocorrem de forma concomitante entre as diferentes classes; cada uma delas tem um ritmo próprio, com diversidade nos processos. Isso evidencia o quanto "as famílias não são ilhas fechadas sobre si mesmas, mas são afetadas pelos contextos sociais, do que oferece como exemplo a acentuada individuação dos jovens e mulheres nas famílias, permitindo contestar a autoridade do pai e do marido, reflexos da escolarização massiva das jovens e das mudanças nos códigos religiosos e jurídicos que sustentavam a dependência econômica e a sujeição das esposas em relação a seus maridos" (Itaboraí, 2015).

O próprio léxico da tabela 2 deixa claro como são processos diferentes e, muitas vezes, divergentes (Itaboraí e Ricoldi, 2016).

TABELA 2: Interpretações distintas para comportamentos semelhantes

Ricos "escolhem" sua família	Pobres "submetem-se" à biologia
Maternidade assistida	Controle de natalidade
Produção independente	Mãe solteira
Família recomposta (divórcio e recasamento)	Família desestruturada

Fonte: Fonseca (2005, apud. Itaboraí e Ricoldi, 2016).

As mulheres passaram, então, a viver um momento de estabelecimento de sua existência como indivíduos, dotadas de vontades: não era o bastante ter disponíveis apenas os papéis de mãe e esposa. A partir do momento em que elas puderam controlar o número de filhos, passaram a definir melhor suas decisões de acordo com suas vontades. Com a gravidez se tornando voluntária, a vocação maternal pôde ser questionada.

As classes médias foram as primeiras a experimentar esse processo. "Não apenas houve transformações significativas na condi-

GRÁFICO 5: Arranjos domiciliares por classe familiar (1976, 1996, 2012)

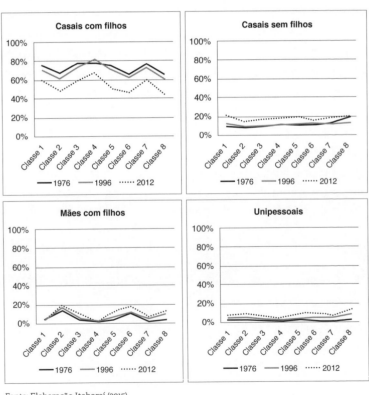

Fonte: Elaboração Itaboraí (2015).

ção das mulheres nas famílias, que implicaram um maior grau de autonomia e menor dependência familiar, mas também expressiva redução dos diferenciais de classe no comportamento familiar em vários aspectos" (Itaboraí, 2015).

Mulheres que migram

As mulheres migrantes no mundo giram em torno de 111 milhões de pessoas. Quando comparadas aos homens, elas representam 48,8% do total. Esses dados, contudo, não consideram os últimos fluxos migratórios por conta das guerras, como a da Síria. Para mulheres e crianças, a migração por motivos familiares é a predominante, ainda que muitas saiam de seus países também em busca de trabalho. Os homens vão antes, encontram emprego e depois é a vez de as mulheres migrarem para reagrupar as famílias.

No caso das refugiadas, as mulheres são mais da metade em todas as sub-regiões da África Subsaariana. Em países como Ruanda, elas são 56% do total de refugiados. Mesmo assim, são minoria entre as pessoas que pedem asilo (38% dos solicitantes são mulheres). O mais comum é que fiquem sem pátria ou retornem a seus países de origem.

Esses fatos evidenciam como aumenta a vulnerabilidade das mulheres quando elas se encontram em situação de migração voluntária ou forçada (como no caso das refugiadas). Refugiadas – tanto para outros países, quanto as compulsoriamente deslocadas internamente – vivem em um cenário dramático de risco de violência e exploração, em parte, porque elas não detêm o poder de decisão. Na lista de direitos que são constantemente violados nessas situações estão estupros, raptos, abortos forçados, escravidão sexual, entre outros.

5. AS MULHERES E A EDUCAÇÃO

Educadas e ainda discriminadas

No Brasil, no século XX, a educação tornou-se um bem coletivo essencial, imprescindível para a inserção social. Juliet Mitchell, reconhecendo esta questão, escreveu: "Toda a pirâmide de discriminação descansa sobre uma sólida base extraeconômica – educação" (2006:227). Pode-se, desta forma, considerar a educação uma das dimensões mais importantes para identificar a existência de desigualdades na sociedade. Hoje, há um consenso internacional que vem outorgando a educação à condição estratégica fundamental para redução de desigualdades econômicas e sociais, nacionais e internacionais (Rosemberg, 2009).

As mulheres brasileiras travaram inúmeras batalhas pelo acesso à educação, primeiro pelo acesso à escola, depois pela qualidade do ensino. Mais dura foi a luta pela entrada no ensino superior. Em todas elas, foram vencedoras. Aos trancos e barrancos, as mulheres, que na virada do século XIX para o XX eram cerca de 80% analfabetas, entraram no século XXI com mais anos de escolaridade que a população masculina. No entanto, se o sistema educacional brasileiro nos anos 1990 apresentava uma igualdade de oportunidade no acesso e na permanência para ambos os sexos na escola, estas oportunidades não venceram totalmente as desigualdades associadas ao pertencimento racial e à origem econômica (Rosemberg, 2009:119).

O que dizem as informações censitárias?

Os censos demográficos do final do século XIX até 1940 tinham informações apenas para as condições de alfabetização da população. Eles apontavam um elevado contingente de pessoas analfabetas: 80% das mulheres e 70% dos homens eram analfabetos (Marcílio, 2014). O analfabetismo só começou a diminuir no país a partir dos anos 1960, mas as mulheres eram ainda 53% da população analfabeta naquele ano.

A vitória dessa batalha só pode ser notada a partir do Censo de 1991. Foi, provavelmente, o maior êxito feminino no século: a corrida pela educação. Analisando os dados censitários brasileiros, Soares, Melo e Bandeira (2014) mostram que, na década de 1970, as mulheres eram 42,5% dos estudantes de nível superior brasileiros, em 1960, este percentual era de 25%. Este avanço na década possivelmente se deve à promulgação da Lei de Diretrizes e Bases no governo João Goulart, que deu um grande empurrão na participação feminina no sistema universitário, pois permitiu que milhares de moças que haviam cursado as escolas normais ou pedagógicas do país pudessem ingressar nas faculdades nacionais, assim como os diplomados nos cursos médios de contabilidade e comércio.

TABELA 3: Estudantes de cinco anos ou mais de idade por sexo segundo o nível de ensino (1970)

Níveis de ensino	Total	Homens	%	Mulheres	%
Total	20.015.689	10.201.529	51	9.814.109	49
Elementar	14.841.054	7.549.431	50,9	7.291.572	49,1
Médio Ciclo 1	3.358.490	1.692.633	50,4	1.665.807	49,6
Médio Ciclo 2	1.205.037	607.820	50,4	597.217	49,6
Superior	607.746	349.668	57,5	258.020	42,5

Fonte: IBGE, Censo 1970.

TABELA 4: Grau ou curso completo das pessoas de 10 anos ou mais de idade por sexo (1970)

Sexo	Total	Elementar	Médio Ciclo 1	Médio Ciclo 2	Superior
Total	19.939.359	14.789.917	2.632.968	1.974.995	541.348
Homens	50,3%	50%	50,7%	45,8%	74,4%
Mulheres	49,7%	50%	49,3%	54,2%	25,6%

Fonte: IBGE, censo 1970.

TABELA 5: Pessoas de 10 anos ou mais de idade com pelo menos um curso completo por nível de ensino segundo o sexo (1991)

Sexo	Total	Elementar	1º Grau	2º Grau	Superior	Mestrado ou doutorado
Total	64.543.791	36.576.988	12.629.972	11.257.366	3.928.259	151.206
Homens	48,1%	48,8%	48,2%	45,5%	49%	60%
Mulheres	51,9%	51,2%	51,8%	54,5%	51%	40%

Fonte: IBGE, censo 1991.

Em 1992, a média de anos de estudo entre homens e mulheres era praticamente a mesma, quando comparadas pessoas da mesma cor, mas a média de anos de estudo da população branca era superior em mais de dois anos à média da população negra. Apesar da redução da taxa de analfabetismo da população negra, a diferença, em média de anos de estudos entre brancos e negros, permanece defasada. Essa disparidade acentua-se para grupos etários acima de 25 anos de idade. Evidencia-se, assim, que a questão racial é determinante para o acesso ao processo educacional.

Numa perspectiva de gênero, as mulheres estão mais bem posicionadas, a taxa de alfabetização feminina, tanto para as brancas quanto para negras, é superior à masculina. As mulheres brancas e negras, de 25 a 49 anos de idade, registram taxas de alfabetização de 97% e 93,3%, respectivamente, enquanto, para os homens, foram de 96,4% e 90,2% (Pnad/IBGE, 2011, apud Raseam, 2013).

As mulheres são hoje 50% das crianças da pré-escola, 53% das estudantes do ensino médio, 57% do ensino superior e 56% das alunas em mestrado e doutorado. Durante o processo escolar, muitos meninos vão deixando a escola, muitas vezes pela concorrência do mercado de trabalho, ou mesmo por desinteresse, já as mulheres seguem com a formação. Entre as moças, um dos principais motivos para interromper o ciclo de estudos é a gravidez na adolescência.

Teresa Marques (2004) concluiu que, para as mulheres brancas, o caminho oferecido pela educação foi diferente e menos árduo que aquele trilhado pelas mulheres negras. O processo educacional nacional foi lento: primeiro contemplou as mulheres brancas e, apenas na segunda metade do século XX, estendeu-se a todas as mulheres brasileiras, independentemente da raça. Marques (2004) chama atenção para o significado do corte de classe, que também obrigou negras a trabalharem desde cedo, dificultando a que elas pudessem superar a barreira do analfabetismo e trilhar o processo escolar. Só na última década o acesso da população negra ampliou-se no sistema universitário nacional.

O processo educacional nacional

O sistema educacional brasileiro está organizado em dois níveis: educação básica e superior. A educação básica compreende três níveis: educação infantil (0 a cinco anos de idade), ensino fundamental (seis a 14 anos de idade), e o ensino médio (15 a 17 anos de idade). É um sistema descentralizado, cabendo ao município o ensino infantil e fundamental, aos estados e Distrito Federal, o ensino médio, e à União, o ensino superior.

Nas últimas décadas, com o aprimoramento da legislação e a expansão do Fundo de Manutenção e Desenvolvimento da Educação Básica e da Valorização dos Profissionais de Educação (Fundeb), foi promovido um crescimento substancial do acesso à educação e se obteve praticamente a universalização da frequência escolar para as crianças de seis a 14 anos de idade. Em 2013, 98,4% delas estavam na escola, de acordo com dados do IBGE.

Os melhores resultados obtidos pelas gerações mais jovens não devem esconder que o analfabetismo ainda é um problema. Este é o primeiro dos indicadores usados para mensurar a exclusão social.

Em 1992, a taxa de analfabetismo da população brasileira era de 17,2% e atingia principalmente a população feminina e preta. Entre elas, 30,8% eram analfabetas; no Nordeste, essa porcentagem subia ainda mais, para 46,4% (Melo e Soares, 2006).

A tabela e os gráficos mostram a taxa de alfabetização por sexo, grupos de idade, segundo as regiões brasileiras. Observe o sucesso feminino: nos segmentos mais jovens, os indicadores educacionais são bem mais favoráveis às mulheres. Esses resultados podem ser explicados pela adoção de políticas de universalização para a educação básica iniciadas na década de 1990 que atenderam, naqueles anos, aos nascidos nos anos 1980.

Reduziu a proporção de pessoas que não sabiam ler e nem escrever de 20%, em 2005, para 15%, em 2015.

Superado o analfabetismo com a universalização da educação básica nos anos 1990 ocorreu uma ampliação do número de estudantes no ensino superior, mas uma análise numa perspectiva de gênero mostra que homens e mulheres apresentaram diferenças em relação à escolha das carreiras. Algumas mantiveram um predomínio masculino, como as engenharias civil, elétrica, mecânica, além das ciências da computação e ciências agrárias. Outras apresentaram predomínio feminino, como letras, serviço social, pedagogia, psicologia, enfermagem. Administração, direito e medicina tendiam ao equilíbrio.

TABELA 6: Taxa de alfabetização, por sexo e grupos de idade, segundo as grandes regiões (Brasil, 2005 e 2015)

Grandes regiões	Total				Mulheres				Homens			
	10 a 14 anos	15 a 24 anos	25 a 49 anos	50 ou mais	10 a 14 anos	15 a 24 anos	25 a 49 anos	50 ou mais	10 a 14 anos	15 a 24 anos	25 a 49 anos	50 ou mais
2005												
Brasil	96,6	97,2	91,5	75,6	97,9	98,3	92,7	74,2	95,3	96,1	90,3	77,2
Norte	94,2	96,6	90,5	67,5	96,0	97,9	92,5	66,5	92,4	95,3	88,5	68,4
Nordeste	93,0	93,7	80,5	54,3	95,9	96,1	84,0	54,7	90,2	91,4	76,7	53,8
Sudeste	98,8	98,9	96,2	84,0	99,2	99,3	96,7	81,8	98,4	98,6	95,7	86,7
Sul	99,0	98,8	96,7	85,4	99,2	98,9	96,7	83,7	98,8	98,8	96,7	87,5
Centro-Oeste	98,7	98,7	94,3	74,5	99,2	99,0	94,8	72,4	98,1	98,4	93,7	76,8
2015												
Brasil	98,4	98,8	95,2	83,1	98,9	99,4	96,4	83,2	98,0	98,2	94,0	83,0
Norte	97,5	98,7	94,4	76,7	98,0	99,0	95,8	77,4	97,0	98,5	93,1	76,0
Nordeste	97,1	98,0	89,1	65,7	98,0	98,9	92,1	67,5	96,2	97,1	85,8	63,3
Sudeste	99,3	99,5	98,1	90,6	99,6	99,7	98,2	89,6	99,1	99,3	98,1	91,9
Sul	99,4	99,4	98,4	91,0	99,5	99,5	98,4	90,1	99,2	99,3	98,3	92,0
Centro-Oeste	99,3	99,5	97,6	85,2	99,1	99,7	98,3	85,4	99,4	99,4	96,8	85,0

Fonte: IBGE, Pesquisa Nacional por Amostra de Domicílios (2005 e 2015).

GRÁFICO 6: Taxa de alfabetização, por sexo e cor, segundo as grandes regiões (Brasil, 2005 e 2015)

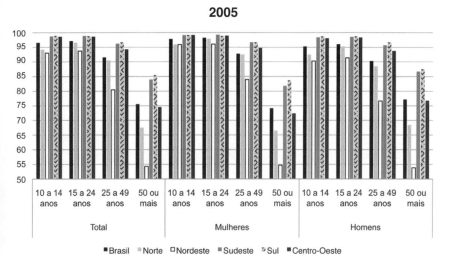

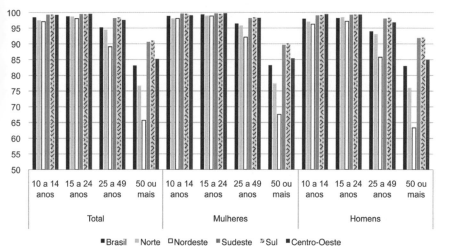

Fonte: IBGE, Pesquisa Nacional por Amostra de Domicílios (2005 e 2015).

AS MULHERES E A EDUCAÇÃO 99

A mudança no perfil educacional das mulheres que o Censo de 1991 constatou mostra que elas têm mais vantagens desde o nível elementar – ler e escrever – até o nível mais avançado: o universitário. Mas esta diferença parece ser anulada pelas dificuldades entre conciliar família e trabalho. No Censo de 2010, as mulheres de 25 anos ou mais com nível superior eram 12,5% do total de mulheres e os homens, 9,9%; entre este mesmo grupo, 19,2% das mulheres e 11,5% dos homens declararam ter nível superior.

GRÁFICO 7: Áreas onde mulheres são maioria e apresentam renda menor (inversamente proporcionais)

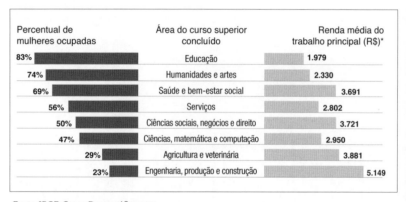

Fonte: IBGE, Censo Demográfico 2010.
* Em valores de 2010, ajustados para uma carga horária de 40 horas semanais.

Soares, Melo e Bandeira (2014), analisando estes dados, concluem que, entre 1991 e 2010, os resultados dos avanços femininos foram mais modestos, porque a concentração das mulheres nas carreiras relacionadas aos cuidados acompanha toda a trajetória educacional feminina. Elas estavam – e estão – concentradas nas áreas de educação, humanidades e saúde, nichos femininos há décadas. As escolhas explicitadas pelo Censo de 2010 mostram que o avanço educacional das mulheres não confirmou uma "revolução nas carreiras", mas uma continuidade do sexismo presente na sociedade. Talvez as mulheres tenham ainda dificuldades para escolher profissões para as quais não tenham sido socializadas.

No mundo da ciência

O mundo científico, ainda no albor do século XXI, permanece um reduto masculino, seja no mundo, seja no Brasil. Isso porque a ciência e a prática científica têm sido, no decorrer do tempo, marcadas pelo sexismo e androcentrismo. As conquistas científicas são sempre creditadas ao gênio masculino.

A discussão feminista da ciência e da tecnologia tem desenvolvido uma crescente consciência da diferença que existe entre os sexos neste espaço, a qual se expressa de forma contundente na escassez de figuras femininas na história da ciência. Resgatar estes nomes esquecidos é uma tarefa, assim como também empreender esforços pedagógicos, para motivar e integrar meninas e mulheres no processo de aprendizagem da ciência e tecnologia.

Diversos estudos vêm contestando a hipótese de que essa diferença, ou seja, o desinteresse das meninas pelas ciências exatas e da natureza principalmente, suplantado pela facilidade dos meninos, teria razões biológicas. No entanto, vários testes educacionais aplicados no Brasil continuam mostrando um desnível nos resultados, provavelmente explicado por razões sociais.

Pesquisas em países de menor desigualdade de gênero, tais como Noruega, Suécia e Islândia, identificam que neles não ocorrem diferenças dessa magnitude.[11] Além disso, pesquisas em países

---

[11] Ver: <http://www.kellogg.northwestern.edu/faculty/sapienza/htm/science.pdf>.

latino-americanos mostram que a expectativa dos pais a respeito do futuro das crianças afeta o aprendizado em matemática e as escolhas de alunas e alunos em relação a suas carreiras.[12]

O gráfico 8, retirado do boletim "Aprendizagem em foco" (2007), mostra como essa diferença vai aumentando conforme vão passando os anos de escola.

O relatório da Organização para a Cooperação e Desenvolvimento Econômico (OCDE) "O ABC da igualdade de gênero na educação", ao avaliar o aprendizado de jovens de 15 anos em mais de 60 países, trouxe a informação de que as "meninas relataram ter menos autoconfiança em sua habilidade para resolver problemas de matemática e eram mais propensas a expressar fortes sentimentos de ansiedade em relação à disciplina, fatores que têm impacto negativo no aprendizado" (Aprendizagem em foco).

GRÁFICO 8: Percentual de alunos com aprendizado considerado adequado

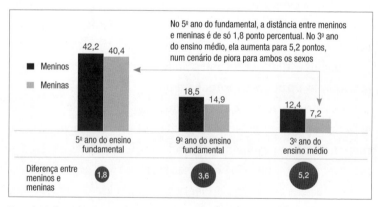

Fonte: http://www.institutounibanco.org.br/aprendizagem-em-foco/7/.

---

[12] Ver: <https://ideas.repec.org/p/iza/izadps/dp8379.html – no boletim>.

Essas mulheres foram pioneiras na difusão e no avanço da ciência no Brasil. Uma delas, a agrônoma Johanna Dobereiner (1924 – 2000), que nos anos 1970 coordenou uma pesquisa que mostrava a associação entre bactérias do gênero Spirillum e as gramíneas. Ela identificou que, no Brasil, país de clima quente, havia um determinado tipo de grama que crescia sem a necessidade de adubos químicos, pois a presença da bactéria fixava o nitrogênio na planta, substituindo os fertilizantes químicos. A utilização deste método nas plantações foi decisiva para a expansão da cultura da soja no Brasil.

A médica psiquiatra Nise da Silveira (1905-1999) é outro exemplo, pioneira no tratamento da doença mental através da arteterapia no Centro Psiquiátrico Pedro II, no bairro de Engenho de Dentro na cidade do Rio de Janeiro. Sua técnica foi reconhecida internacionalmente e a produção dos internos foi reunida no Museu de Imagens do Inconsciente, fundado por ela no ano de 1952.

A chegada das mulheres no século XXI foi alvissareira do ponto de vista da educação. O indicador "hiato de gênero" mostra que os níveis de escolaridade femininos são superiores aos masculinos. Todavia, olhar apenas para esta perspectiva não é suficiente porque deixa escapar as desigualdades ainda existentes nos aspectos distintos das carreiras científicas entre os dois sexos.

Os dados do Conselho Nacional de Desenvolvimento Científico e Tecnológico (CNPq) mostram o avanço feminino na ciência brasileira. Em 2001, as mulheres respondiam por 48% das bolsas, atingindo a paridade em 2010. Melo e Lastres (2006), ao analisar as mesmas informações para os anos 1990, mostraram que a taxa de participação feminina, em 1991, foi de 39,7%. Em 1999, a taxa de participação feminina havia crescido para 45,6%. Isso significa que, nos últimos 20 anos, a participação das mulheres no sistema de ciência e tecnologia nacional só tem se ampliado (ver também Melo, 2010). Em março de 2017, a pesquisa *Gender in the global research landscape* mostrou que, no Brasil, as mulheres publicam quase a metade do total dos artigos científicos.

GRÁFICO 9: Percentual de bolsas no país e no exterior por sexo (2001 a 2013)

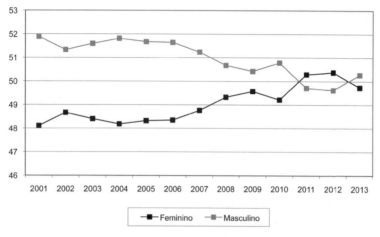

Fonte: CNPq, AEL, microdados.

É preciso não esquecer que a participação feminina na ciência não parece ser resultado apenas do processo individual de ascensão em suas trajetórias, mas também de contingências e obstáculos que dificultam ou excluem a mulher do topo da carreira. As bolsas de produtividade de pesquisa explicitam esta assertiva. Os dados mostram que as mulheres e os homens participam de campos científicos diferentes e apresentam trajetórias científicas distintas, que podem ser exemplificadas pelas bolsas de "produtividade de pesquisa". Essas bolsas são concedidas quando as pessoas postulantes já finalizaram todo o processo de formação acadêmica e usufruem de um status acadêmico definido nas suas respectivas áreas de conhecimento. Para conceder estas bolsas, o Comitê Científico faz uma classificação dos postulantes segundo a produção científica.

O gráfico 10 mostra a evolução no período 2001 a 2013 destas bolsas. As mulheres são minoria, com percentuais que vão de 32%,

GRÁFICO 10: Percentual de bolsas PQ por sexo (2001 a 2013)

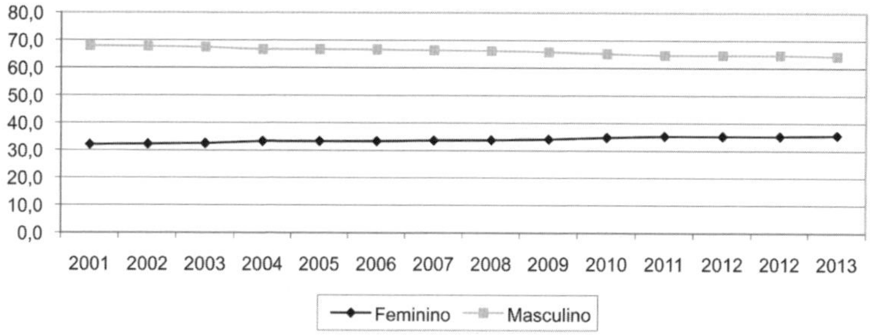

[Gráfico de linhas mostrando percentuais femininos (em torno de 30-35%) e masculinos (em torno de 65-70%) de 2001 a 2013]

Fonte: CNPq, AEI, microdados, elaboração própria.

em 2001, a 36%, em 2013. O padrão de participação do sexo feminino nas bolsas PQ é uma maior participação no início da carreira (PQ2). A participação feminina cai à medida que ascendem na carreira, até PQ 1A. Nestas bolsas PQ 1A, a taxa de participação das mulheres está em torno de 20%, enquanto no primeiro nível, o de entrada no sistema de pesquisa (2) – já está perto dos 39%.

A educação foi uma batalha vencida pelas mulheres

A construção da igualdade na educação ainda está inconclusa; uma das evidências é que a participação das mulheres no topo da carreira científica e tecnológica segue aquém da sua presença no ensino universitário. A construção da ciência no Brasil tem, desde seus primórdios, a presença "silenciosa" das mulheres, mas no século XXI isso não basta. Mesmo que as cientistas brasileiras imponham, cada vez mais, sua marca no desenvolvimento científico e tecnológico nacional, é necessário alcançar a equidade.

A superioridade feminina na educação esbarra na misoginia do mercado de trabalho. As áreas gerais de formação, nas quais as mulheres de mais de 25 anos ou mais de idade têm maior participação, como educação (83%) e humanidades e artes (74,2%) são aquelas que apresentam os menores rendimentos médios mensais entre as pessoas ocupadas. E em nenhuma delas a mulher recebe rendimentos iguais ou superiores ao do homem (Estatística de Gênero, IBGE, 2014:106). A desigualdade de gênero foi reduzida no acesso e no processo educacional, mas a sociabilidade entre as pessoas ainda é marcada pelas diferenças e, provavelmente, isso ainda molda o comportamento das meninas, moças e mulheres... e o dos homens.

6. AS MULHERES E O MUNDO DO TRABALHO

Trabalho: produtivo e reprodutivo

A literatura econômica, na maior parte do tempo, limita-se a analisar a participação das mulheres no trabalho fora de casa e ignora o trabalho realizado para a reprodução da vida no âmbito da família. Conscientemente ou não, as mulheres foram apagadas dos textos socioeconômicos e muitos economistas ainda teimam em estudar as relações de trabalho na sociedade sem definir as questões de sexo e gênero, ao tratarem uniformemente como "pessoas" os homens e mulheres no processo de trabalho. Decididamente, estes não são considerados "iguais" pelo mercado. Para citar apenas um aspecto, o diferencial de rendimentos entre os dois sexos acompanha a história do mundo do trabalho há 200 anos. E em todo o planeta.

Desta forma, o itinerário dos estudos feitos sobre o trabalho das mulheres a partir dos anos 1960, na sua grande maioria, se restringia e se limitava àquele realizado no âmbito da produção assalariada (mercantil). No entanto, com a chegada das mulheres feministas no sistema universitário nas décadas de 1960 e nas seguintes, evidenciou-se a incapacidade das teorias econômicas e sociais de captar a diversidade e a complexidade das experiências do trabalho feminino. Isso tanto no trabalho doméstico ou familiar, quanto também no que concerne à articulação entre este e o trabalho realizado para o mercado.

O esquecimento marca também a historiografia econômica, que ignora as mulheres nas lutas operárias das primeiras décadas republicanas e a luta das donas de casa em torno do custo de vida, tão presente no cotidiano social da primeira metade do século XX. Esta omissão deve-se à ignorância do peso das estruturas patriarcais na formação social moderna e ao fato de que este conceito engendra a noção de que os homens são os provedores do ganha-pão, e as mulheres, responsáveis pela reprodução da família. Nessa mesma linha, trata-se de um trabalho gratuito, o qual se vê como se fosse realizado por amor. Essas tarefas foram e são o campo natural de atividades femininas na sociedade. Sua sexualidade é subjugada, e as mulheres tornaram-se, nesse cenário, tal como na série distópica *Handmaid's Tale* (baseado no livro de Margaret Atwood), simples agentes reprodutoras. Dessa forma, a identidade feminina é imposta e em torno das tarefas domésticas.

No Brasil, como no resto do mundo, as mulheres e as crianças não estiveram ausentes da formação do mercado de trabalho. Isso desde os primeiros braços fabris até sua expulsão no auge do processo de industrialização por substituição de importação na segunda metade do século XX. Maria Valéria Pena (1981) sugere que esta passagem das mulheres e crianças no processo fabril brasileiro seria uma herança deixada por elas para os homens de um padrão miserável de salários/rendimentos que até os dias atuais marcam a sociedade brasileira.

A ida das mulheres para o mercado de trabalho no decorrer do século XX teve um lento desenvolvimento. Elas estiveram primeiro ocupadas nas atividades agrícolas, no setor industrial e no emprego doméstico remunerado. Depois, acompanhando a intensa terceirização da economia brasileira, inseriram-se nas atividades de comércio, serviços pessoais (continuando, sobretudo, nos serviços domésticos remunerados) ou naqueles prestados às empresas. É preciso registrar que o serviço doméstico remunerado foi, desde o século XIX, a primeira ocupação feminina no Brasil, o que persistia até o Censo Demográfico de 2010. Desta forma, a grande marca da ocupação feminina no trabalho pago foi que ela esteve, na maior parte dos casos, inserida nos empregos menos qualificados e de pior remuneração.

O conceito de trabalho é uma variável significativa para entender o papel das mulheres nas nossas sociedades, embora a literatura socioeconômica tenha resistido em desvendá-lo, o pensamento feminista tem insistido na denúncia desta invisibilidade, que as estatísticas velam de forma sistemática.[13] Para demonstrar esse fenômeno, Soares, Melo e Bandeira (2014) analisam as mudanças do trabalho ocorridas na sociedade brasileira a partir dos censos de 1872 até 2010. Suas conclusões confirmam a divisão sexual do trabalho desde as profissões mais antigas até os dias atuais. Em mais de um século de informações sobre o trabalho, os guetos permanecem: o serviço doméstico remunerado segue como uma ocupação eminentemente feminina (94% da ocupação); e a construção civil, como um reduto masculino (96%).

Provavelmente a transformação que mais alterou esta participação, ampliando dos 20% de mulheres ocupadas no Censo de 1970 para uma taxa de cerca de 45% no Censo de 2010, foi a ida massiva feminina para os bancos escolares nos anos anteriores. Mas a vantagem educacional não conseguiu romper totalmente os grilhões do passado patriarcal, que mantêm as mulheres com menores rendimentos e dificuldades no acesso aos postos de gerência e comando da atividade econômica.

---

[13] Esta invisibilidade nos dias atuais está sob fogo cruzado, contestada pelas acadêmicas feministas que pressionam os órgãos de estatísticas de seus países para a produção de dados sobre o trabalho não pago (reprodutivo) e pesquisas sobre uso do tempo. No Brasil, desde 2001, o IBGE produz informações sobre este trabalho (afazeres domésticos), que continua solenemente ignorado pela política macroeconômica, como é expressado pelo cálculo do produto interno bruto (PIB).

O elogio da dona de casa: persistência da divisão sexual do trabalho

Um delegado operário francês, na Exposição Mundial de 1867, assim falou: "O destino da mulher é a família e a costura... ao homem, a madeira e os metais, à mulher a família e os tecidos". Esta frase citada por Michelle Perrot (2005) exprime com clareza o destino feminino e a divisão sexual do trabalho que acompanha a vida das mulheres até hoje.

No limiar do século XXI, as mulheres vivem divididas: por um lado, culpas em relação aos afazeres domésticos executados no interior de suas casas, cuidando dos filhos e maridos. Estas atividades, realizadas pelas mulheres sob o véu do amor a sua família e compreendidas como uma sujeição imposta pelo sexo masculino, foram explicitadas por John Stuart Mill e Harriet Taylor Mill (1869) de maneira contundente, quando afirmaram: "Os homens não querem apenas a obediência das mulheres, mas seus sentimentos". O exercício da vida profissional, do desejo de ter sucesso na carreira escolhida, não era – e não é – o destino social esperado para as mulheres, "seu dever é viver para os outros; fazer a mais completa abnegação de si mesma, e não ter outra vida que não a de suas afeições" (Mill e Taylor, 1869). Eva é a eterna culpada da perda do paraíso e ainda no século XXI a esposa trabalhadora carrega nos ombros a sobrecarga de trabalho, da reprodução da vida e do trabalho fora de casa.

O tempo despendido por elas no seio das famílias para cuidar da reprodução da vida permite fazer um contraponto ao tempo de trabalho que poderia ser utilizado para gerar renda e, desta forma, elevar os rendimentos familiares ou simplesmente ampliar sua autonomia econômica. As mulheres podem escolher ficar em casa cuidando de todos ou contratar outra pessoa para realizar estas tarefas. Mas essa opção tem um preço, usualmente pago pelas famílias mais ricas da sociedade. Além disso, a tarefa normalmente é executada por outra mulher, mais pobre que, por sua vez, não tem a quem designar a mesma função remunerada.

Não temos dúvidas de que a grande maioria das mulheres ainda não se dá conta de que teve que fazer escolhas ao decidir casar e ter filhos. O trabalho nesse contexto não é uma impossibilidade, mas inegavelmente implica uma dupla jornada muito mais pesada que a do homem. Mulheres com filhos acabam fazendo mais entradas e saídas em suas carreiras profissionais, o que, por exemplo, pode ser visto nas maiores taxas de desemprego do que as dos homens.

Nos anos 1970, a pesquisadora Ester Boserup (1970), num trabalho pioneiro, definiu a divisão sexual do trabalho como um elemento de base na divisão do trabalho. Ela destacava como o cálculo do produto nacional ignora a produção dos serviços de subsistência das famílias, atividades realizadas principalmente pelas mulheres. Também analisava como estas atividades que contribuem para o bem-estar socioeconômico são subestimadas ou a elas não se dá a devida importância. As críticas feitas pelas pesquisadoras feministas no final dos anos 1970 ajudaram a ampliar a discussão sobre as formas de valorizar o papel das mulheres nas duas instâncias sociais: a reprodução e a produção.

Os estudos de Ann Oakley (1974), ao explicitar a relação do trabalho do homem ao trabalho produtor de mercadorias e o da mulher ao da casa, concluiu que o termo dona de casa (*housewife*) não pode ser sinônimo de esposa e mãe, mas de trabalho doméstico não remunerado desvalorizado pela sociedade. Essa afirmação colocou mais lenha no fogo da rebelião feminina, ao não aceitar mais os velhos estereótipos e desmascarar o trabalho não pago. Questionou o trabalho reprodutivo e o elogio da "rainha do lar". Este enfoque mais amplo evidencia que a plena participação das mulheres na sociedade pode ser visualizada através da eliminação das limitações que as marginalizam ou as tornam invisíveis, seja nas atividades domésticas, seja nas atividades públicas e produtivas.

O papel da dona de casa sofreu uma desconstrução com a formulação do conceito "divisão sexual do trabalho", uma expressão teórica, desenvolvida pelas acadêmicas feministas francesas que, a partir dos estudos de Lévi-Strauss sobre a estrutura da família na sociedade, imprimiram um novo sentido ao termo. Este não expressava uma relação complementar das tarefas na família, mas, sim, uma relação de poder dos homens sobre as mulheres (Kergoat, 2009). Assim, cabem aos homens as tarefas na esfera da produção dos bens materiais e, às mulheres, as relacionadas à reprodução da espécie humana. Esta separação implica que existam trabalhos de homens e outros de mulheres e que o trabalho dos homens vale mais do que o das mulheres. Isso separa e hierarquiza os seres humanos em todas as sociedades conhecidas.

O mercado de trabalho brasileiro no século XXI

Trabalho produtivo

Para analisar as características da inserção feminina no mercado de trabalho, utilizam-se os conceitos: ocupação, desocupação, formalização do trabalho, cobertura do sistema previdenciário. Estas variáveis permitem entender a real dimensão da posição das trabalhadoras e trabalhadores no mundo do trabalho.

Um percentual de 86,3% dos homens na faixa etária entre 16 e 59 anos de idade estão no mercado de trabalho. As mulheres nas mesmas condições apresentam uma taxa de participação de 63,7%. Isso significa que ainda há um forte contingente feminino dedicado apenas às atividades reprodutivas e fora do mundo do trabalho, vivendo uma realidade de dependência do poder masculino.

Fazendo o recorte pela variável cor/raça nota-se que as mulheres negras apresentam uma taxa de participação ainda menor. A im-

TABELA 7: Taxa de atividade das pessoas de 16 a 59 anos de idade por sexo e cor ou raça, segundo as grandes regiões (Brasil, 2015)

Grandes regiões	Mulheres Branca	Mulheres Negra/parda	Mulheres Outros	Homens Branca	Homens Negra/parda	Homens Outros
Brasil	66,6	62,9	66,9	85,9	85,4	85,4
Norte	59	56,4	60,6	84,1	85,3	82,9
Nordeste	59,2	58,7	53,3	81,8	83,2	79,5
Sudeste	67,8	67,7	74,4	86,5	86,9	88,9
Sul	69,9	68,3	66,1	87,1	87,1	83,9
Centro-Oeste	67,2	65,5	70,2	87,9	87,2	85,7

Fonte: IBGE, Pesquisa Nacional por Amostra de Domicílios (2015).

portância desses números é que eles atestam que, na vida real, há uma dependência econômica feminina e que, nos segmentos mais pobres da sociedade, isto é mais acentuado.

Apesar dos avanços, a estrutura do mercado de trabalho ainda é extremamente sensível ao papel tradicional feminino, e as trabalhadoras estão concentradas naquelas atividades relacionadas a essas tarefas: cuidadora das crianças, velhos e doentes. A concentração da mão de obra feminina está nos setores de educação, saúde, serviços sociais, serviços domésticos, alojamento e alimentação, atividades que dizem respeito à reprodução da vida. Enquanto isso, os homens estão alocados nos setores agropecuário, industrial e na construção civil, diretamente relacionados à produção dos bens materiais.

A distribuição das ocupações por setores econômicos também expressa, nas suas diversas vivências, o hiato que separa as mulheres pobres das ricas. A primeira observação refere-se à bipolaridade da ocupação feminina. Esta reflete o processo de escolarização que

TABELA 8: População ocupada de 16 anos ou mais de idade, total e proporção por sexo, segundo os ramos de atividade (Brasil, 2015)

Ramos de Atividade	Total	Mulheres	Homens	Total (%)	Mulheres (%)	Homens (%)
Total	94.436.340	40.423.021	54.013.319	100,00	100,00	100,00
Agrícola	13.019.812	3.841.789	9.178.023	13,8	9,5	17,0
Outras atividades industriais	712.034	98.225	613.809	0,8	0,2	1,1
Indústria de transformação	11.174.551	4.241.019	6.933.532	11,8	10,5	12,8
Construção	8.510.822	301.737	8.209.085	9,0	0,7	15,2
Comércio e reparação	17.163.967	7.063.967	10.100.000	18,2	17,5	18,7
Alojamento e alimentação	4.626.045	2.572.558	2.053.487	4,9	6,4	3,8
Transporte, armazenagem e comunicação	5.292.462	666.198	4.626.264	5,6	1,6	8,6
Administração pública	5.006.861	1.985.670	3.021.191	5,3	4,9	5,6
Educação, saúde e serviços sociais	10.320.464	7.868.407	2.452.057	10,9	19,5	4,5
Serviços domésticos	6.249.762	5.732.315	517.447	6,6	14,2	1,0
Outros serviços coletivos, sociais e pessoais	4.041.957	2.561.186	1.480.771	4,3	6,3	2,7
Outras atividades	8.249.760	3.433.149	4.816.611	8,7	8,5	8,9
Atividades mal definidas	67.843	56.801	11.042	0,1	0,1	0,0

Fonte: IBGE, Pesquisa Nacional por Amostra de Domicílios (2015).

diferencia as mulheres: umas com diplomas universitários ocupando cargos executivos, mas ainda muito poucas em proporção ao avanço escolar. No outro lado, milhões de mulheres como comerciárias, domésticas, professoras de ensino infantil, fundamental e médio, assistentes do setor de saúde e nos baixos escalões da administração pública.

As mulheres podem ir para o mercado de trabalho desde que consigam promover a conciliação entre as tarefas domésticas e o trabalho fora de casa. Este arranjo é delegado, majoritariamente, para outras mulheres. No caso brasileiro, isto é uma marca profunda atestada pela longa permanência da ocupação do serviço doméstico remunerado como a principal ocupação. Apenas depois de 2010 houve uma mudança estrutural, e esta atividade foi suplantada pelas atividades de comércio, professoras e serviços de saúde e sociais.

A eterna ocupação feminina: trabalhadoras domésticas

As trabalhadoras domésticas foram e são uma das formas de trabalho remunerado ou não que mulheres e homens vêm exercendo há vários séculos. Criadas/criados domésticas estão presentes em diversos relatos históricos desde a Antiguidade. O advento da sociedade industrial não diminuiu nem fez desaparecer estas atividades. No decorrer do século XX, em todos os países, pode haver muitas ou poucas trabalhadoras domésticas no mercado de trabalho local e nacional. Mas elas sempre existiram.

No Brasil, com suas imensas desigualdades sociais, este trabalho marca a vida social nacional. Pode-se estimar que, no interior de cerca de 10 milhões de famílias brasileiras (cerca de 15% das famílias), há sempre uma mulher não integrante da família que realiza tais tarefas. Há uma demanda permanente por esses serviços na sociedade, especialmente entre as famílias com crianças pequenas e nas quais as mães trabalhem fora de casa. O aumento da esperança de vida criou ainda mais procura por serviços de cuidados.

Possivelmente o que explica a permanência do emprego doméstico remunerado, tanto aqui, quanto no mundo, é o desequilíbrio na distribuição de renda pessoal e a labuta exigida pela reprodução da vida. O trabalho doméstico remunerado, em 2005, empregava 17,4% das mulheres ocupadas. Se considerarmos apenas as trabalhadoras ocupadas no setor serviços, essa taxa de participação atingia 21,2%, o que em números absolutos representava um universo de aproximadamente 6,2 milhões de mulheres. Em 2015, esta ocupação empregava 14,7% das mulheres e respondia por 16,1% das trabalhadoras do setor serviços. Ou seja, na atualidade, 5,7 milhões de mulheres são domésticas no Brasil (ver tabela 8, Pnad/IBGE, 2005, 2015). A diferença de 10 anos que separa estes dados mostra uma situação praticamente idêntica.

A ocupação trabalhadora doméstica tem a marca profunda da discriminação com a qual a sociedade patriarcal define a vida das mulheres. Esta ocupação espelha o papel do trabalho doméstico na reprodução humana. E, apesar do avanço do movimento de mulheres, a percepção da sociedade sobre o trabalho doméstico não se alterou, sua realização permanece uma obrigação feminina.

A invisibilidade que cercou esta ocupação ao longo da história pode ser compreendida com a declaração do diretor-geral da Organização Internacional do Trabalho (OIT) Juan Somavia. Ao anunciar para o mundo o reconhecimento das trabalhadoras domésticas como uma categoria laboral, ele declarou: "Fez-se história". Isso aconteceu apenas em 2011, 92 anos após a criação da OIT. Essa 100ª Conferência Internacional do Trabalho aprovou, finalmente, a adoção de um novo instrumento internacional – a "Convenção Sobre o Trabalho Decente para as Trabalhadoras e os Trabalhadores Domésticos", que estabeleceu novas diretrizes normativas para melhorar as condições de dezenas de milhões de trabalhadoras e trabalhadores domésticos em todo o mundo. Sua aprovação no âmbito tripartite da Organização Internacional do Trabalho (OIT) abria caminho para a revisão das legislações internas dos países signatários, de modo a eliminar o tratamento diferenciado que exclui da proteção dos direitos sociais a mão de obra ocupada nos serviços domésticos.

Este era o caso brasileiro. Naquele ano (2011), esta ocupação contava com mais de 7 milhões de trabalhadoras e trabalhadores domésticos submetidos a regime jurídico desigual em relação aos demais – uma fragilidade do Estado Democrático de Direito declarado pela Constituição Federal de 1988. Eram, portanto, excluídos da Consolidação das Leis do Trabalho – CLT (Decreto-Lei nº 5.452, de 1º de maio de 1943) e regidos por uma legislação especial, que datava apenas de 1972. Essa lei definia apenas alguns direitos legais para essas(es) trabalhadoras(es). A Constituição de 1988 equiparou os trabalhadores rurais aos urbanos brasileiros, e às domésticas foram estendidos outros direitos, mas sem o conjunto dos direitos trabalhistas. O seguro-desemprego e o Fundo de Garantia do Tempo de Serviço (FGTS), por exemplo, não eram direitos. Apenas em 2000 eles foram estendidos opcionalmente para os trabalhadores domésticos, constituindo claro desrespeito à luta que as organizações de domésticas vinham travando desde a primeira regulamentação na década de 1970 (Porto, 2010).

A grande questão que pairava sobre as trabalhadoras domésticas referia-se aos obstáculos relacionados à revogação do parágrafo único do art. 7º inserido na "Constituição Cidadã" de 1988, que colocou os direitos sociais das trabalhadoras domésticas em patamar inferior em relação aos demais integrantes da massa trabalhadora brasileira.

Diferentes projetos tramitaram na Câmara dos deputados referentes a esta legislação. A PEC nº 478/2010, de autoria do deputado Carlos Bezerra (PMDB-MT), escrita no ascender do movimento das trabalhadoras domésticas pela revogação do parágrafo único, do art.

7º da CF, teve parecer favorável aprovado em 5 de julho de 2011 na Comissão de Constituição e Justiça e de Cidadania da Casa; inegavelmente a pressão internacional repercutiu e em 2012 foi aprovada a PEC das domésticas (Proposta de Emenda Constitucional nº 66/2012) e transformada em Emenda Constitucional nº 72, de 2 de abril de 2013, e finalmente as trabalhadoras domésticas tiveram seus direitos equiparados aos dos demais trabalhadores formais. A regulamentação ocorreu em 2015 com a Lei Complementar nº 150, de 1º de junho de 2015. E a partir de então estas trabalhadoras adquiriram adicional noturno, obrigatoriedade de recolhimento do Fundo de Garantia do Tempo de Serviço (FGTS) por parte do empregador, seguro-desemprego, salário-família, auxílio creche e pré-escola, seguro contra acidentes de trabalho e indenização em caso de despedida sem justa causa.

A aprovação e a regulamentação desta legislação ainda são um processo não totalmente absorvido pela sociedade brasileira: houve uma elevação do número de trabalhadoras domésticas conhecidas como "diaristas". Isso porque a legislação brasileira só reconhece a obrigatoriedade de contratação previdenciária para aquelas trabalhadoras domésticas com três ou mais dias por semana de jornadas de trabalho numa mesma residência. Isso engendrou um novo formato de contratação para essas trabalhadoras, a preferência por "diaristas duas vezes por semana". A não ser para aquelas famílias com filhos menores de 14 anos e que a dona de casa trabalhar fora de casa. Este movimento diferenciado em relação à contratação desta mão de obra já fica explícito com o incremento de jornadas de trabalho. Entre 2012 e 2015, as mensalistas elevaram sua proporção de contribuição previdenciária de 50% para 59%. No entanto, as trabalhadoras "diaristas" têm uma taxa de contribuição previdenciária de apenas 22% em 2015. Até 2011, as trabalhadoras domésticas diaristas correspondiam a cerca de 30% do contingente total de trabalhadoras domésticas e em 2015 estas são cerca de 50% do total destas trabalhadoras (Síntese, IBGE, 2016).

Desigualdade ou discriminação: os diferenciais de rendimentos entre os sexos

A vantagem feminina encontrada no campo educacional não se reflete no mercado de trabalho. É bem verdade que se avançou na inserção das mulheres neste espaço produtor de autonomia econômica e social, mas ainda se está longe de condições igualitárias de entrada e permanência no mercado de trabalho; bem como na obtenção de remunerações igualitárias entre os dois sexos para as mesmas funções.

Desde os anos 1980, há uma elevação crescente da participação feminina na ocupação de postos de trabalho mais qualificados. Essa vantagem foi propiciada pelo maior nível de escolaridade, no entanto não se reverteram as desigualdades salariais: tanto no trabalho urbano quanto no rural os homens ganham mais que as mulheres. Dessa forma o hiato de rendimento entre os sexos existe em qualquer situação: seja no setor público ou no privado, as mulheres ganham menos. No setor público, há isonomia para os rendimentos, mas as funções gratificadas têm predominância masculina, e isso faz a diferença.

A tabela 9 mostra como vai diminuindo o percentual de mulheres conforme o cargo público vai ficando mais alto (caso da DAS-6).

TABELA 9

	Homens	Mulheres
DAS-1	55,2%	44,8%
DAS-2	54,5%	45,5%
DAS-3	53,5%	46,5%
DAS-4	62,3%	37,7%
DAS-5	70,7%	29,3%
DAS-6	78,2%	21,8%
TOTAL	56,8%	43,2%

Fonte: Cavalcante e Carvalho (2017), com base no Boletim Estatístico de Pessoal e Informações Organizacionais.

No total, ainda que haja mais homens, a diferença de participação não é acintosa. A partir da DAS-5, porém, a presença de mulheres torna-se escassa.

Se nos anos 1990 as mulheres recebiam em torno de 40% menos que os homens, em 2015, a situação melhorou, mas os rendimentos femininos são 30% menores do que os dos homens. Isso no Brasil, mas também em boa parte dos demais países. A tabela 10 destaca a questão relativa ao papel da educação na elevação dos rendimentos das pessoas. É um fenômeno generalizado para ambos os sexos, mas a primazia masculina mantém-se intocável: eles, com diploma, superam em muito os rendimentos delas. O viés sexista permanece.

Entretanto é preciso chamar atenção também para a questão do racismo. Os dados ratificam as pesquisas de Hasenbalg dos anos 1970, as quais indicavam barreiras que reproduziam as desigualdades relativas à cor/raça (intergeracional) e à educação (intrageracional). Por sua vez, Cacciamali e Tatei (2012) comparando dados de 1995 e 2009, demonstram a persistência desta discriminação, que lamentavelmente a tabela 10 constata para os anos de 2005 e 2015. Ela se potencializa com o viés sexista. As mulheres negras, portanto, apresentam os piores resultados.

Sem dúvida a discriminação é mais forte no indicador que relaciona à igualdade de gênero no mundo do trabalho e o acesso de homens e mulheres aos cargos de direção e gerenciais. A Pnad 2012 mostra que o acesso de mulheres com 25 anos ou mais de idade aos cargos de direção e gerenciais é menor comparativamente aos dos homens nessa faixa etária. O rendimento médio das mulheres em cargos de chefia continua inferior ao masculino, corresponde a 69% do rendimento dos homens.[14] Também os anos de estudos

---

[14] Para o ano de 2015 não foi possível obter as informações necessárias para as categorias (direção e gerência), porque o IBGE não divulga estas informações nos microdados da Pnad de 2015.

acentuam as diferenças entre os sexos e distanciam o rendimento masculino e feminino (ver tabelas 10 e 11).

TABELA 10: Rendimento-hora da população ocupada de 16 anos ou mais de idade no trabalho principal por grupos de anos de estudo, segundo o sexo e a cor ou raça, em R$ (Brasil, 2005 e 2015)

Sexo e cor ou raça	2005 Total	2005 Até 4 anos	2005 5 a 8 anos	2005 9 a 11 anos	2005 12 anos ou mais	2015 Total	2015 Até 4 anos	2015 5 a 8 anos	2015 9 a 11 anos	2015 12 anos ou mais
Total	4,6	2,2	3,1	4,6	13,2	15,3	6,9	9,4	12,0	34,2
Branca	6,0	2,6	3,6	5,2	14,2	19,8	8,3	10,3	13,4	38,8
Negra/parda	3,1	1,8	2,6	3,9	9,8	11,4	6,2	8,9	10,8	25,7
Mulheres	4,0	1,5	2,3	3,8	10,4	13,9	5,5	7,6	10,0	28,1
Branca	5,0	1,8	2,6	4,3	11,1	17,8	6,3	7,9	11,6	31,8
Negra/parda	2,7	1,4	2,1	3,2	8,1	10,2	5,1	7,4	8,7	21,4
Homens	5,1	2,5	3,6	5,3	16,5	16,4	7,6	10,4	13,6	41,3
Branca	6,7	3,1	4,3	6,0	17,7	21,5	9,4	11,6	14,9	46,8
Negra/parda	3,4	2,1	2,9	4,5	12,0	12,2	6,7	9,7	12,5	31,1

Fonte: IBGE, Pesquisa Nacional por Amostra de Domicílios (2005 e 2015).

TABELA 11: Rendimento-hora da população ocupada de 16 anos ou mais de idade no trabalho principal por sexo e grupos de anos de estudo, segundo as grandes regiões, em R$ (Brasil, 2005 e 2015)

Sexo e cor ou raça	2005					2015				
	Total	Até 4 anos	5 a 8 anos	9 a 11 anos	12 anos ou mais	Total	Até 4 anos	5 a 8 anos	9 a 11 anos	12 anos ou mais
Mulheres	4,0	1,5	2,3	3,8	10,4	13,9	5,5	7,6	10,0	28,1
Norte	3,0	1,2	1,9	3,6	8,7	10,1	3,9	5,5	8,8	20,8
Nordeste	2,5	0,9	1,5	3,0	8,7	7,8	2,9	4,7	6,7	17,0
Sudeste	4,9	2,2	2,8	4,1	11,2	17,3	7,6	9,5	11,9	33,3
Sul	4,0	1,6	2,4	4,1	9,0	12,0	6,4	7,7	9,7	20,3
Centro-oeste	5,0	1,9	2,6	4,2	12,7	21,1	8,0	8,5	10,8	44,3
Homens	5,1	2,5	3,6	5,3	16,5	16,4	7,6	10,4	13,6	41,3
Norte	3,9	2,4	3,1	4,8	13,5	11,6	6,9	8,8	12,3	26,9
Nordeste	3,0	1,5	2,2	4,2	14,1	8,6	4,7	6,5	9,2	24,1
Sudeste	6,3	3,3	4,1	5,7	17,4	20,9	10,2	12,9	15,7	46,8
Sul	5,8	3,1	4,3	5,6	14,9	15,9	9,5	11,0	13,3	32,1
Centro-Oeste	6,2	3,2	3,8	6,2	19,8	23,7	9,7	11,1	15,7	65,5

Fonte: IBGE, Pesquisa Nacional por Amostra de Domicílios (2005 e 2015).

O trabalho reprodutivo

Na década de 1980, a OIT fez um levantamento e concluiu que havia pelo menos 75 avaliações monetárias sobre o trabalho doméstico não pago/trabalho reprodutivo em diversos países (Goldschmidt--Clermont, 1982). Não há unanimidade sobre estas pesquisas: muitos economistas consideram este trabalho "não pago" realizado no interior dos domicílios como não "produtivo", porque não gera valor. Assim, ele deve ser excluído da contabilidade social, isto é, da medição do produto nacional. Portanto, o cálculo do PIB (produto interno bruto) não deve cogitar esta questão. Para o pensamento feminista, o interesse é resgatar o conjunto diversificado dos papéis desempenhados pelas mulheres na sociedade, considerando-as agentes, e não exclusivamente indivíduos beneficiados no interior homogêneo dos núcleos familiares ou invisíveis no interior da população. Não há consenso sobre a questão e, à medida que as vozes femininas se levantam pela construção da igualdade, a temática da mensuração ganha status político e acadêmico.

Foi assim que, na última década, este debate foi assumido por agências da Organização das Nações Unidas (ONU) e na América Latina e no Caribe, a partir, sobretudo, dos trabalhos elaborados pela Comissão Econômica da América Latina e do Caribe das Nações Unidas (Cepal/ONU). Este debate foi impulsionado pelo texto "La hora de la igualdad: brechas por cerrar, caminos por abrir" (2010), que propunha a igualdade como um princípio e identificava a divisão sexual do trabalho entre homens e mulheres e o uso diferenciado do tempo como fundamento da subordinação econômica, social e política das mulheres.

Impunha-se um estudo sobre o trabalho reprodutivo (não pago). Para tal, é necessário desenvolver conceitos, metodologias e instrumentos de medição específicos que permitam estabelecer a relação entre o trabalho produtivo/pago e as atividades do cotidiano. Essa proposta de medição esbarra em dificuldades metodológicas na sua aplicação e na resistência nos órgãos oficiais de estatística dos países em assumir esse cálculo. Aguirre e Ferrari (2014), num texto para discussão da Divisão de Gênero da Cepal, fizeram um levantamento sobre as experiências dos diversos países da região no desenvolvimento de pesquisas sobre uso do tempo e na legitimidade que estas pesquisas adquiriram na maioria dos países. Além disso, verificaram o uso que a sociedade civil e os poderes públicos podem fazer dos seus resultados na elaboração e no desenvolvimento de políticas públicas. Este estudo relatou a experiência de pesquisa sobre uso do tempo em 17 países da América Latina e do Caribe.

O Brasil, no rastro desta demanda, criou em 2008 um Comitê Técnico de Estudos de Gênero e Uso do Tempo (CGUT)[15] com o objetivo de estimular a incorporação da perspectiva de gênero na produção e análise das estatísticas oficiais no país. Este comitê foi coordenado pela Secretaria de Políticas para as Mulheres da Presidência da República nas gestões de Lula e Dilma (2007/2010 e 2011/2014).

Quanto vale o trabalho reprodutivo?

No caso brasileiro, desde 2001, a Pnad identifica o número de horas gastas pela população na execução dos afazeres domésticos, o que possibilita fazer um cálculo de valoração do trabalho reprodutivo para o PIB nacional. Esta valoração foi realizada nos artigos de Melo, Considera e Sabbato (2007 e 2016), que utilizaram como metodologia a premissa de que a remuneração média das/ os trabalhadoras/es domésticas/os é o valor de mercado que a

---

[15] A partir da Portaria Interministerial nº 60, de 19 de setembro de 2008. O comitê tem como membros permanentes o Instituto Brasileiro de Geografia e Estatística (IBGE) e o Instituto de Pesquisa Econômica Aplicada (Ipea), e como membros convidados a Organização Internacional do Trabalho (OIT) e a ONU Mulheres.

sociedade atribui a este trabalho. Conhecendo o tempo médio declarado pelas famílias, foi possível valorar o trabalho reprodutivo executado no interior das famílias e estimar uma valorização para o cálculo do PIB do país.

Cálculos feitos por Melo, Considera, Delfino (prelo) para o período de 2001 a 2015 mostram que o PIB brasileiro poderia aumentar 11% em 2015 caso fosse mensurado o trabalho reprodutivo exercido majoritariamente pelas mulheres. O PIB brasileiro seria acrescido, em média, de cerca de 9% cada ano caso os afazeres domésticos (trabalho reprodutivo) fossem estimados como trabalho remunerado. Esta mensuração dos afazeres domésticos demonstra que a labuta das mulheres e de alguns homens nas tarefas dos cuidados no interior das suas famílias não é um trabalho estéril, ou seja, caso a sociedade queira, a ele pode ser atribuído um valor monetário a exemplo da valoração do trabalho realizado com finalidade mercantil.

As mulheres são as responsáveis pelo trabalho reprodutivo

As informações das Pnads para os anos de 2005 e 2015 mostram que, do total das pessoas ocupadas de 16 anos ou mais de idade, 68% em 2005 e 69% em 2015 declararam que cuidam de suas famílias. Do total das mulheres ocupadas, 92%, em 2005, e 91%, em 2015, declararam que realizam tarefas domésticas nas famílias. No caso dos homens ocupados, esse percentual cai para 51% em 2005 e 53% em 2015. Massivamente foram e são as mulheres as responsáveis pelos cuidados com as famílias.

Quando se analisa o número médio de horas dedicadas a estas atividades, fica evidenciada a preponderância da responsabilidade feminina em relação aos cuidados. Em 2005, as mulheres declararam uma jornada semanal de 25,3 horas e, em 2015, esta jornada foi de 23,3 horas semanais. No mesmo intervalo, os homens declararam uma jornada de 9,8 horas semanais e 10,5, respectivamente. Estes números indicam que nesta década a sociedade brasileira não alterou seu padrão de comportamento nas relações de gênero: as mulheres continuam, como no passado, responsáveis pelos cuidados com a reprodução da vida.

GRÁFICO 11: Horas médias dedicadas a afazeres domésticos da população ocupada por sexo, segundo as grandes regiões (Brasil, 2005 e 2015)

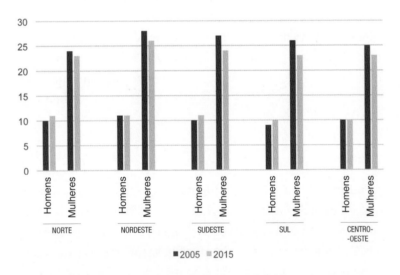

Fonte: IBGE, Pesquisa Nacional por Amostra de Domicílios (2005 e 2015).

7. MULHERES E POLÍTICA

Confinadas na casa, afastadas da pólis

A história e tudo que foi dito até aqui deixam evidente que o espaço que coube às mulheres, na maior parte do tempo, foi apenas um: o doméstico. Ali confinadas, a sociedade as excluiu dos convívios e relações que fossem além das fronteiras da casa, ou seja, que estivessem relacionados com a cidade, com a pólis e, por conseguinte, com a política. Alijadas do poder político em praticamente todas as diferentes culturas do mundo, consideradas uma espécie subalterna para os temas públicos, não importa se no Ocidente ou no Oriente.

Nesse sentido, os homens acabaram ficando com esse monopólio da representação e das trocas de honra (Bourdieu, 2002). As mulheres, na lógica da dominação masculina imposta pela dominação patriarcal, são reduzidas a objetos da troca, que é realizada pelos sujeitos, os homens. Estes, por sua vez, usam seus esforços para perpetuar a forma como o poder é constituído. Na prática, em miúdos, é fácil entender: uma mulher a mais ocupando um cargo político, dotada de poder, significará um homem a menos neste papel.

"Os homens produzem signos e os trocam ativamente, como parceiros adversários unidos por uma relação essencial de igualdade na honra, condição mesma de uma troca que pode produzir a desigualdade na honra, isto é, a dominação" (Bourdieu, 2002).

O mesmo autor pontua que a violência simbólica estrutural, que dá aos homens um lugar superior às mulheres no que diz respeito aos espaços de poder ocupados, faz com que, mesmo diante de redução nas pressões externas e de estabelecimento de novas regras e liberdades formais, não haja uma mudança significativa neste quadro. Assim, apesar do voto, apesar de as mulheres terem ido para o mercado de trabalho e serem hoje muito mais escolarizadas, elas continuam com enormes dificuldades para ascender aos cargos de poder político.

Motivos da representação

Não há como discordar da ideia de que é necessário, dado o fato de que as mulheres são metade da população, que elas também ocupem os espaços políticos.

Para a ciência política, existem três grandes significados para a importância da presença de mulheres – isto é, para a representação feminina – nas esferas de poder político. A representação pode ser: descritiva, ou seja, de tal forma que se assemelhe à própria presença na sociedade; substantiva, ao considerar que um grupo potencialmente representa melhor as suas próprias demandas, construindo agendas específicas; ou, por fim, a representação pode ter o efeito simbólico, ao mostrar o impacto do próprio aumento da representação nas esferas de poder da sociedade (Franceschet, 2008).

A presença maior de mulheres vai muito além de uma questão de justiça e igualdade desprovida de significado; é, sim, estruturante da própria ideia de democracia e origem de uma agenda de políticas que pode beneficiar não só as mulheres como toda a sociedade (Htun et al, 2013; Besley et al., 2017). Mesmo a representação descritiva é importante tanto substantivamente quanto simbolicamente (Mansbride, 1999 apud Franceschet, 2008).

Algumas vertentes de pesquisa que discutem a importância de uma política mais "feminina" acabam indo pelo mau caminho de essencializar o fato de ser mulher, justificando a necessidade da sua presença por características que a fariam mais idônea e ética, além de menos bélica, na prática da coisa pública. As mulheres teriam, portanto, mais "pureza" para "limpar o jogo sujo da política". Em um espaço em que os homens são quem detêm o poder, aumentar a representação institucional das mulheres significa poder transformar as agendas de modo a estar mais atento às necessidades das mulheres (Miguel, 2011).

A ausência das mulheres torna-se, por si mesma, "um signo de subalternidade". Além disso, ainda que tenham diferentes experiências de vida (de acordo com sua raça, classe social, orientação sexual), as mulheres têm vivências similares diante dos desafios de suas trajetórias e de políticas prioritárias para atender as suas necessidades. Voltando a Bourdieu (2002), em sua obra *A dominação masculina*, ele considera o poder resultante de uma repetição das regras de sociabilidade, que trazem consigo o caráter de dominação e poder. Esta reprodução quase imperceptível seria justamente o *habitus*. Quanto mais um dos praticantes domina este jogo, mais ele terá condições de seguir a exercer sua dominação sobre os demais. Analisando as estruturas de poder simbólico constituído em torno dos homens sobre as mulheres propõe uma questão a partir de algo que lhe intriga: o fato de que "condições de existência das mais intoleráveis possam permanentemente ser vistas como aceitáveis ou até como naturais" (Bourdieu, 2002).

A violência exercida pelas estruturas de poder estabelecido seria praticamente invisível. O fato de dominante e dominado conhecerem a dominação – e, portanto, os papéis que supostamente devem desempenhar – faz com que tal dominação seja eficiente a ponto de parecer natural. "Os processos são responsáveis pela transformação da história em natureza, do arbitrário cultural em natural" (Bourdieu, 2002). O estudo das mulheres e política se torna importante, portanto, não porque seriam as mulheres dotadas de alguma "especialidade", mas, sim, porque socialmente elas são relegadas a um papel subalterno, prejudicado pelas estruturas de relação de poder.

Lijphart (apud Matos, 2016) afirma que "A igualdade política é um objetivo básico da democracia, o seu grau constitui um indicador importante de qualidade da democracia". Assim, o caminho no sentido da igualdade política entre os sexos é um dos eixos mais evidentes deste processo contínuo de busca de uma democracia mais aprimorada (Matos, 2016).

Bourdieu (2002) fala da importância de "quebrar a relação de enganosa familiaridade que nos liga à nossa própria tradição", que acaba levando a um "princípio de perpetuação". "A força da ordem masculina se evidencia no fato de que ela dispensa justificação: a visão androcêntrica se impõe como neutra." Ou seja, quando se fala de reverter o processo, tal como no caso das cotas, é entendido como um privilégio feminino, que desequilibraria o sistema, quando apenas se trata de uma forma ao revés de tentar trazer alguma ordem mais democrática para dentro do sistema democrático.

Acabou nos parecendo, por muitos anos, que nada havia de anormal em que os homens exercessem, praticamente sozinhos e isolados das mulheres, os cargos de poder, ocupassem as cadeiras de governo. Às mulheres cabiam as gerências domésticas, privadas, enquanto aos homens lhes eram atribuídas as missões grandiosas da sociedade.

O Estado não é o único espaço de exercício de poder em uma sociedade. Ao contrário, ele pode ser identificado como o retrato – ou mais um ator – de todo um sistema de forças concorrentes, as quais, na maior parte das vezes, encontram-se bem estabelecidas em seus papéis. Os mecanismos de poder estruturados ajudam a solidificar uma relação de dominação masculina, que mantém as mulheres longe também dos espaços públicos de disputa e do poder político.

Ainda que se entenda que a igualdade política das mulheres não se inicia, nem se esgota, nas eleições e no parlamento, na representação e no acesso aos cargos políticos, já se sabe que este é o espaço no qual as mulheres podem aumentar seu poder de pressão.

A ausência de mulheres na política brasileira

Até hoje, mesmo com algumas tentativas e avanços mais recentes, poucos países conseguiram fazer uma transformação substantiva neste processo. Na maioria deles (quase todos têm população metade feminina, metade masculina), as mulheres permanecem sub-representadas nos parlamentos. Igualar estas taxas é um desafio de todas as nações como forma de melhor estabelecer uma representação feminina.

Nesse contexto, infelizmente, o caso brasileiro é um dos mais emblemáticos, como um dos campeões mundiais em baixa representação nas estruturas de poder. É esperado que países de maior renda tenham mais igualdade de gênero, assim, eles, de fato, estão mais bem posicionados quanto à representação, porém o Brasil (a linha mais baixa) tem índice menor até dos países de baixa renda, como mostra a figura. Um relatório da União Internacional de Parlamentos (IPU, na sigla em inglês), considerando as eleições de 2014 para o Congresso Nacional, elencou o Brasil na 154ª posição (são 193 países) de participação feminina na política. Nas Américas, as brasileiras estão apenas melhores que as deputadas do Haiti. A representação na Câmara de Deputados esbarra somente nos 10%: foram 51 eleitas para 513 deputados em 2014. Quanto ao Senado, são 13 senadoras eleitas para 81 cadeiras (16%). Nessa mesma eleição, somente uma mulher foi eleita governadora, Suely Campos, em Roraima. E Dilma Rousseff foi reeleita presidenta do Brasil.

GRÁFICO 12: Média de presença de mulheres na política

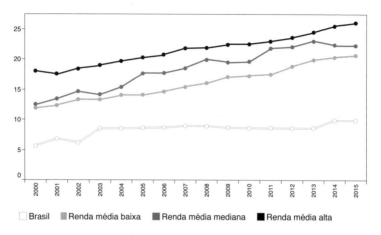

Fonte: OCDE.

As proporções são baixas também nos cargos de prefeituras e governos dos estados. Os índices brasileiros estão bem abaixo também da média latino-americana. As brasileiras estão apenas mais bem representadas que as haitianas. Nestes países, a representação feminina média de 2014 foi de 22,4% nas Câmaras Baixas ou Congressos Unicamerais. Para 2010, a tabela 12 (Hinojosa, 2012) mostra como o Brasil é um ponto bastante fora da curva, nos vários âmbitos.

É interessante notar, pela tabela 13, que a representação é baixa ainda em muitas regiões do mundo, o que só retrata o caminho que as mulheres precisam trilhar para ampliar sua presença nas instâncias de poder. Mesmo na Europa, quando excluídos os países nórdicos, sabidamente promotores de políticas de igualdade, a representação feminina fica apenas em ¼ das cadeiras. Não se pode ignorar, portanto, que a ocupação de mulheres em cargos eletivos, além de ter sua própria lógica institucional, é sobretudo um efeito da desigualdade existente na sociedade, que pode ser identificada em vários âmbitos.

TABELA 12: Mulheres representantes na América do Sul

	Prefeitas	Vereadoras	Deputadas estaduais	Deputadas federais	Ministras
Argentina	8,50%	–	38,50%	35,20%	25%
Bolívia	4,60%	19%	25,40%	47,20%	31,30%
Brasil	7,50%	12,60%	8,80%	12,30%	14,30%
Chile	12,10%	26,80%	14,20%	13,20%	36,40%
Colômbia	9%	14,50%	12,60%	16,70%	23,10%
Equador	6%	23%	32,30%	–	32%
Paraguai	5,70%	20,60%	12,50%	15,60%	10%
Peru	2,80%	27,80%	27,50%	–	26,70%
Uruguai	–	–	15,20%	12,90%	30,80%
Venezuela	7,20%	18%	17,50%	–	18,50%

Fonte: Hinojosa (2012).

TABELA 13: Mulheres representantes no Legislativo no mundo (médias mundiais)

	Câmara baixa	Câmara alta-Senado	Ambas as casas
Países Nórdicos	41,50%	–	–
Américas	26,80%	25,80%	26,60%
Europa (OCDE-Países Nórdicos)	25,30%	24,20%	25,10%
África Subsaariana	23,70%	24,22%	23,90%
Ásia	19%	13,40%	18,40%
Estados Árabes	18,10%	7,30%	16%
Pacífico	13,10%	36%	15,70%

Fonte: IPU (2015).

FIGURA 1: Participação das mulheres em parlamentos nacionais

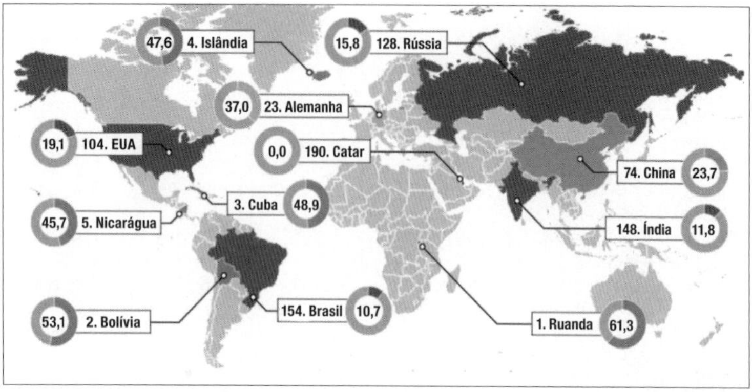

[Mapa-múndi com dados de participação feminina: 4. Islândia 47,6; 128. Rússia 15,8; 23. Alemanha 37,0; 104. EUA 19,1; 190. Catar 0,0; 74. China 23,7; 3. Cuba 48,9; 5. Nicarágua 45,7; 148. Índia 11,8; 2. Bolívia 53,1; 154. Brasil 10,7; 1. Ruanda 61,3]

Obs.: No caso do Brasil, foi considerada apenas a representação na Câmara dos Deputados
Fonte: <ipu.org/wmn-e/classif.htm>.

Pioneiras representantes

No Brasil, desde que obtiveram o direito ao voto, em 1932, as mulheres passaram também a poder ser eleitas. Na primeira eleição, em 1934, porém, somente uma mulher foi escolhida pelo voto: Carlota Pereira de Queiroz, como deputada por São Paulo. Carlota, uma médica de 40 anos sem ligações com o movimento feminista, havia sido atuante na Revolução Constitucionalista (1932). À frente de 700 mulheres, foi quem coordenou o atendimento aos feridos nos combates em São Paulo contra as forças do governo central. Apesar de sua ação solitária no Congresso, defendeu políticas de combate ao analfabetismo e foi autora do primeiro projeto para a criação dos serviços sociais. Além dela, apenas outra mulher alcançou o poder no período que antecedeu o Estado Novo: a feminista Bertha Lutz, que foi eleita suplente, mas acabou ocupando a vaga por um breve período.

Passados 80 anos – de 1934 a 2014 – o aumento de uma deputada para 51, como na última legislatura, pode parecer, pelos números absolutos, muito alto. Entretanto, ele significa um crescimento marginal no percentual de deputadas presentes no Congresso. Sai de 1% para apenas 10%, o que evidencia que a sub-representação ainda é enorme, num país onde mais da metade da população – e dos eleitores – é feminina. Além disso, é bom lembrar o quanto, desde então, mudou o papel desempenhado pelas mulheres na sociedade, com a urbanização e as modificações no mercado de trabalho as empurrando para muitos outros mundos e responsabilidades.

Houve, nesse intervalo de tempo, é bem verdade, momentos de variações mais intensas, como no ano de 1986, que atraiu muitos olhares para a questão dos direitos das mulheres. O ano de 2002, o mesmo em que o Partido dos Trabalhadores chegou ao governo, também representou um aumento relativo no percentual de deputadas eleitas. Contudo, mais de 80 anos após a permissão legal da mulher para votar e ser votada, ainda se nota que o Poder Legislativo está na mão dos homens, o que significa que, sozinhos,

GRÁFICO 13: Percentual de deputados federais ao longo da história brasileira

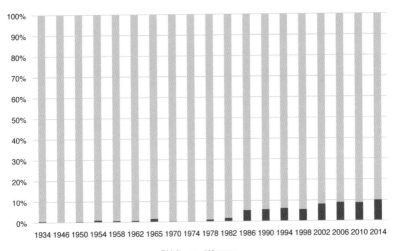

Fonte: Congresso Nacional.

eles são capazes de decidir por temas que envolvem diretamente a vida de todas as mulheres. Por exemplo, se pensarmos no caso do aborto, são os homens, como representantes, que decidem sobre os corpos das mulheres. O mesmo vale para reformas constitucionais que possam suprimir o direito das mulheres.

Se na Câmara dos Deputados as mulheres avançaram lentamente, no Senado a velocidade é ainda menor. A primeira senadora eleita como titular só apareceria em 1991: Marluce Pinto, de Roraima. Antes dela, Eunice Michiles, que havia sido eleita suplente, fora a primeira a ocupar uma cadeira no Senado, em 1979, pelo estado do Amazonas.

No Poder Executivo, Roseana Sarney, da poderosa família Sarney, foi a primeira governadora eleita, em 1994, pelo estado do Maranhão. Iolanda Fleming, vice-prefeita, chegou a ocupar a cadeira de governadora do Acre em 1986, substituindo o prefeito que deixou o cargo para se candidatar ao Senado. Já Maria Luíza Menezes Fontenele, professora e ativista, nesse mesmo ano, tornou-se a primeira mulher a ser eleita prefeita de uma capital de estado, em Fortaleza, no Ceará.

As presidentas

A América Latina é uma região conhecida por seu machismo, o que fez com que houvesse na história raríssimos casos de presidentas.

Isabel Perón, na Argentina, foi a primeira delas, em 1974. Isabelita, como era conhecida, foi a terceira esposa de Juan Domingo Perón. Ela saiu do governo deposta por um golpe militar, em 1976. Lidia Gueiler Tejada governou interinamente a Bolívia entre 1979 e 1980, sendo depois deposta por um golpe militar. Violeta Chamorro foi eleita em 1990, na Nicarágua. Ela não foi deposta e permaneceu no governo até 1997, com a forte ajuda dos Estados Unidos, e sem empreender políticas mais fortes de atenção às mulheres, conservadora que era. Mireya Moscoso, também viúva de um ex-presidente, governou o Panamá de 1999 a 2004. Em 2006, Michele Bachelet, uma antiga participante do movimento estudantil antipinochetista foi eleita presidenta do Chile pela Concertación, voltando novamente em 2014. Cristina Kirchner, mais uma viúva, mas com trajetória política própria, assumiu a presidência da Argentina em 2007 e Laura Chinchilla, conservadora e, portanto, contra causas de descriminalização do aborto e casamento homossexual, assumiu na Costa Rica em 2010, saindo em 2014.

Dilma Rousseff, presidenta do Brasil entre 2010 e 2016, integra essa lista. Foi a primeira – e até hoje única – mulher a ocupar a vaga presidencial, o posto mais alto do Executivo. Dilma sofreu um *impeachment* pelo Congresso em agosto de 2016 e só a história e as pesquisas que venham a ser feitas conseguirão dizer o quanto machismo e sexismo contaram para a perda da sua popularidade e de seu apoio no Congresso. Dilma Rousseff começou sua vida política atuando intensamente nos movimentos contra a ditadura militar e seguiu depois como militante do PDT, junto ao qual ocupou cargos no Rio Grande do Sul e no governo federal. Após se tornar ministra de Minas e Energia e chefe da Casa Civil, ela foi eleita presidenta em outubro de 2009, com apoio intenso do então presidente, Luiz Inácio Lula da Silva, assumindo em janeiro de 2010.

Ter uma presidenta mulher é, sim, sinal de algum avanço ou de quebra de resistência do machismo no acesso das mulheres ao poder. É melhor que as mulheres possam estar lá do que não estar, entretanto, como se nota por outros casos latino-americanos, assim como os homens, as mulheres também podem ser conservadoras e atuar contra os próprios direitos de todas as mulheres. Não é uma variável determinística, mas a própria presença já rompe em parte com uma estrutura fixa e dificilmente mutável de poder.

"A chegada de uma mulher na chefia do Palácio do Planalto significa uma inclusão real de gênero, marcando um rompimento com o 'clube do Bolinha'" (Alves, 2012), com grande importância em termos simbólicos.

Direita e esquerda

A teoria afirma que a presença de partidos de esquerda ajuda a que mais mulheres sejam eleitas. Apesar de, realmente, os partidos de esquerda costumarem estar mais abertos aos debates internos relativos à paridade de gênero, no Brasil, isso não necessariamente se reflete quando se trata das mulheres eleitas para a Câmara dos Deputados.

Entre os sete partidos que mais elegeram deputados em 2014, todos eles tinham presença feminina residual e no caso do PSD não houve sequer uma mulher eleita. O único partido que tem um histórico e prática de maior apoio real às candidaturas femininas é o PCdoB, que costuma fazer recrutamento no movimento estudantil, como é o caso da deputada Manuela D'Ávila, por exemplo, deputada federal pelo Rio Grande do Sul entre 2007 e 2015. Feitosa (2012) afirma que os partidos que proporcionalmente mais tiveram candidaturas femininas em 2010 foram os de esquerda: PCO, PCdoB, PMN, PSTU e PTB. Nesse mesmo ano, dos 22 partidos que conseguiram representação na Câmara dos Deputados, oito não elegeram nenhuma mulher.

O Partido dos Trabalhadores (PT) foi bastante representativo em termos de ideologia e construção de militância sólida no Brasil. Em 1981, foi o primeiro a divulgar um documento da Comissão de Mulheres, do PT de São Paulo, no qual afirmava que a opressão das mulheres não está desligada da opressão de classe, mas se vincula a ela. Essa comissão trazia para dentro das missões partidárias a

GRÁFICO 14: Mulheres eleitas deputada federal em 2014, por partido

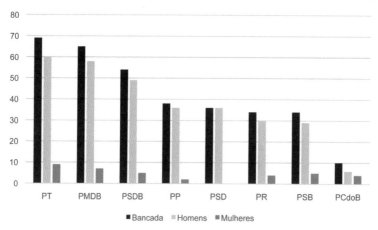

Fonte: Congresso Nacional.

preocupação com as lutas contra o poder patriarcal. No entanto, não explicitava uma necessidade de que as mulheres fossem necessariamente representantes políticas nos cargos eletivos. O feminismo entrava como um influenciador de pautas, mais que como uma preocupação da representatividade (Borba et al., 1998). "O feminismo enfrentava o tensionamento e os limites da relação com a própria esquerda [...]. O partido sempre teve dificuldade de discutir uma proposta coerente e unificada de intervenção de suas militantes no movimento" (Borba et al., 1998).

Apenas a partir do final dos anos 1980, a participação política efetiva das mulheres começou a ser discutida. Em 1993, foram adotadas políticas de ação afirmativa dentro do PT, cuja direção passou a ter, de 6% de mulheres em 1992 a 30% no ano subsequente. A discussão, que começara em 1988, levou cinco anos para surtir efeitos práticos. Hoje, até pela exigência da representatividade de 30%, todos os partidos têm um núcleo de mulheres.

O que ajuda uma mulher a se eleger

Araújo e Borges (2012) já identificaram que, quando uma campanha recebe investimentos superiores a R$ 1 milhão, as mulheres têm mais chances de ser eleitas.

Speck e Sacchet (2012), referindo-se a pesquisas de eleições nos Estados Unidos, ressaltam que as mulheres têm mais dificuldade de acesso a doações de campanha, mas também que este sabido empecilho impacta negativamente – e previamente – o impulso de disputar a campanha. Acrescentam também que, como há um processo de retroalimentação das candidaturas, ou seja, o que dá mais chance de eleger um deputado ou deputada é o fato de essa pessoa já ter o mesmo cargo eletivo, isso fortalece a manutenção das coisas como já estão, o domínio masculino.

As regras eleitorais e os arranjos institucionais também têm enorme impacto nas chances de uma mulher ser ou não eleita (Araújo, 2005; Iversen e Rosenbluth, 2011). Por exemplo, as eleições proporcionais são mais favoráveis para as mulheres que os sistemas distritais. Araújo afirma que os partidos tendem a ter incentivos eleitorais nos regimes proporcionais para contemplar a representação de diferentes grupos sociais, de forma a maximizar suas chances de eleição. Já nos regimes majoritários, correr riscos é menos interessante e a diversidade acaba perdendo espaço.

Sistemas de partidos pluralistas também podem ajudar no acesso das mulheres ao poder político, porque, como menos endurecidos, têm mais competição e avidez por incorporar novos atores sociais. Ao contrário,

> sistemas dominados por poucos e grandes partidos tendem a reduzir as oportunidades para os setores que tradicionalmente se encontram fora dos centros decisórios da política, porque suas bases de apoio já se encontram padronizadas e consolidadas e sua tendência é reproduzir os padrões de recrutamento já estabelecidos (Araújo, 2005).

Mesmo em países em que há grande participação das mulheres no mercado de trabalho, elas têm muito mais chances de ocupar cadeiras no Legislativo quando num sistema partidário mais ideológico que orientado aos candidatos. Nos países escandinavos, a participação das mulheres no mercado de trabalho tem uma forte correlação com a representação política. Isso não acontece nos Estados Unidos (Iversen e Rosenbluth, 2011) e, muito menos, no Brasil.

A literatura internacional, que busca encontrar causas prováveis para a manutenção da sub-representação das mulheres na política de forma comparada nos mais variados países do mundo, trabalha geralmente com algumas hipóteses as quais indicam maior ou menor presença das mulheres nas esferas de poder político. Tais condicionantes, testados de forma exaustiva para os casos de diversos países, já foram também aplicados ao Brasil. São eles (Stockemer, 2008):

1. Quanto mais proporcional for o sistema eleitoral, mais chances têm as mulheres de ampliar sua presença. Sistemas distritais são prejudiciais à entrada de mulheres.
2. Países que promulgaram leis estabelecendo cotas legislativas são mais propensos à eleição de mulheres deputadas.
3. Quanto mais desenvolvido for um país, maior a representação de mulheres.[16]
4. Quanto mais tempo fizer desde que as mulheres obtiveram legalmente o voto, maior será a sua representação no parlamento.

---

[16] Araújo e Alves (2007) contestam a relação mais ou menos direta entre desenvolvimento socioeconômico e maior participação política de mulheres. De acordo com os autores, "se os dados estatísticos de países considerados desenvolvidos já colocavam tal pressuposto em questionamento, a opção por submeter certas variáveis, como, por exemplo, o IDH e a escolaridade, a uma análise multivariada vem contribuir ainda mais para a desestabilização de concepções lineares acerca da conquista da igualdade de gênero.

5. À medida que as mulheres ocupam mais posições profissionais de liderança, sua representação política aumentará.
6. Quanto mais assentos ocupados pelos partidos de esquerda, mais mulheres serão representadas no parlamento.

Quando analisadas todas essas seis hipóteses, o Brasil se encontra (ou já esteve nos últimos anos) em situação mais favorável ou análoga a seus vizinhos (exceto no que diz respeito à implementação de cotas, uma vez que o país apresenta apenas cotas para as candidaturas e não de entrada, tendo apenas poucas exigências a aspectos tais como verba de campanha e espaço na televisão).

Há um sétimo aspecto, o pluripartidarismo, no qual o Brasil também apresenta um índice bastante alto. Os sistemas pluripartidários, com variação de tamanhos, seriam propensos a querer conquistar eleitores, o que facilitaria a inserção de novos atores, no caso, as mulheres (Araújo e Alves, 2007).

Sanchez (2016) destaca que, no Brasil, a Região Norte é a que proporcionalmente elege mais deputadas, contrariando as evidências internacionais de que áreas maiores (em termos de número de representantes) favoreceriam a eleição de mulheres. Um dos motivos seria o fato de que, nesses locais de menor renda, o financiamento de campanha necessário, o investimento, para vencer uma eleição é também mais baixo.

Há diferenças não desprezíveis no Brasil quando se trata das diferentes regiões do país, com os estados do Rio de Janeiro e São Paulo, por exemplo, apresentando taxas inferiores às do Rio Grande do Norte ou determinados estados do Norte.

As cotas parlamentares

As cotas de gênero são um mecanismo utilizado por diversos países para tentar ampliar a representação feminina na esfera política.

Elas se destinam a facilitar a entrada de mulheres na política ao determinar vagas em uma proporção definida de presença no partido, candidaturas ou cadeiras no parlamento. Nas duas últimas décadas, as cotas de gênero se espalharam rapidamente em todo o mundo. Atualmente, existem políticas de cotas, ainda que em níveis diferentes, em cerca de 100 países (Krook, 2008). Tal política tem sido particularmente proeminente na América Latina, onde, a partir de 2015, todos os países democráticos, exceto a Guatemala, adotaram políticas nacionais de cotas de gênero (Gatto, 2017).[17]

A Argentina foi um dos primeiros países do mundo com uma lei de cotas, em 1991, a qual previa que, nas listas eleitorais (lá, elas são fechadas, ou seja, o partido determina a ordem que os deputados ocuparão as vagas a depender da quantidade de cadeiras lograda), deveria haver, ao menos, 30% de candidatas. Em 2010, 38% do Legislativo argentino era composto por mulheres, o maior percentual da região. Outros países como Colômbia, Equador e Venezuela, entre outros, também têm leis neste sentido. No caso equatoriano, a cota foi crescendo de forma gradual, e hoje está nos 50%. Alguns países, como a Espanha, optam por obrigar os partidos a registrar uma lista intercalada, o que faz com que haja uma representação bastante próxima entre homens e mulheres.

No Brasil, a Lei nº 9.100 de 1995 estabeleceu que 20% das vagas nas listas partidárias para as Câmaras de Vereadoras deveriam ser preenchidos por mulheres, independentemente do critério de cor/raça. A Lei nº 9.504, de 1997, aumentou para 25% a cota e expandiu para todas as assembleias e Câmara dos Deputados. A partir de 1998, ela chegou a 30%.

---

[17] A literatura identifica três tipos gerais: as cotas partidárias (os partidos adotam uma cota decidida internamente); cotas no Legislativo (nomeia-se uma proporção estabelecida de candidatas) e lugares reservados (uma lei estabelece a proporção de assentos no parlamento que só pode ser preenchida por mulheres) (Gatto, 2017).

Para aprovar o projeto de lei, de iniciativa de Marta Suplicy, então deputada pelo PT-SP, a bancada feminina atuou de forma unificada, o que facilitou o resultado. As candidaturas totais dos partidos puderam aumentar em 20% e, em vez da proposta inicial de 30%, conseguiram aprovar inicialmente 20% de mulheres candidatas (Borba et al., 1998). Entre os discursos contrários, reclamavam que a decisão de cotas feria o art. 5º da Constituição Federal, que afirma que "todos são iguais perante a lei, sem distinção de qualquer natureza".

Anos depois, a Lei nº 12.034, de 2009, determinou que os partidos políticos devem preencher minimamente 30% das vagas com candidaturas femininas. Esta legislação – também conhecida como minirreforma eleitoral – definiu ainda que os partidos devem destinar ao menos 5% do fundo partidário para programas de promoção e difusão da participação política das mulheres, assim como pelo menos 10% do tempo de rádio e TV para promover a participação política feminina.

No Brasil, os efeitos das cotas foram sentidos de forma muito tímida. O país passou a adotar as cotas legislativas federais em 1997, no entanto, os deputados conseguiram negociar também um aumento na candidatura geral dos partidos. Com isso, aumentou o número absoluto de candidatos. Antes das cotas, que reservam atualmente 30% das candidaturas, o percentual de mulheres na Câmara Federal era de 6,6% (1994), passando para 8,6% em 2002 e agora 10% (2014). O aumento foi muito menor que nos demais países latino-americanos.[18]

Araújo (2005, 2008) pesquisando intensamente, há mais de uma década, o tema das cotas no Legislativo para mulheres, argumenta que fatores ideológicos e organizacionais são fundamentais para

---

[18] Convém destacar que alguns dos países, tais como a Argentina e o Equador, adotam formatos de cotas bastante diferentes do brasileiro.

que as cotas possam exercer seu efeito de aumentar a presença de candidaturas de mulheres viáveis na política. Isso porque há uma reação inercial dos dirigentes em manter o *status quo*, ou seja, com a predominância masculina. "Fóruns decisórios não formais e mais coletivos podem funcionar como fator de pressão para a preservação de compromissos que ultrapassam o momento eleitoral" (Araújo, 2005). A efetivação das cotas no Brasil é, portanto, mais um desafio, uma vez que, em uma competição em lista aberta e bastante concentrada nos indivíduos, há menos incentivos para investimentos partidários nas candidatas mulheres. A conclusão da autora é de que as cotas têm baixo potencial para atuar nessa esfera. Além disso, Araújo e Borges (2012) concluem que as cotas não têm papel decisivo, principalmente, no que diz respeito à viabilidade da eleição, sendo residuais no recrutamento efetivo.

Na prática, as candidaturas costumam ser pouco competitivas e sem apoio do partido (Feitosa, 2012). Além disso, muitas das candidatas apenas atuam como "laranjas". Uma das evidências de como isso funciona pode ser verificada olhando os dados do Tribunal Superior Eleitoral (TSE) para as eleições municipais de 2016. O TSE identificou que 16.131 candidatos não tiveram nenhum voto. Mais interessante: 89,3% deles, ou 14.417 pessoas, eram mulheres. Esses nomes, na verdade, são incluídos pelo partido apenas como forma de cumprir a cota, mas sem que se deem a essas mulheres os recursos necessários ou os incentivos para realizarem, de fato, uma campanha (Ilha, 2016).

Esta é uma política afirmativa conquistada pelos movimentos feministas, mas de implementação ainda incompleta.

Representações das mulheres na política

O caso de Manuela D'Ávila e de outras mulheres jovens eleitas para o Congresso leva-nos a outro tema, que é o da representação pela imprensa das mulheres que decidem entrar na política. Assim que foram eleitas, as deputadas de 2014 ganharam uma reportagem do jornal *O Globo* na qual se lia: "Calouras causam comoção entre veteranos". No texto, a "beleza" e a "elegância" das novas deputadas eram destacadas e enaltecidas como bem-vindas em um contexto majoritariamente de homens mais velhos. A cobertura pela imprensa de Cristina Kirchner, não raras vezes, também atentou para o seu gosto pelas roupas ou pelos sapatos, reforçando essa marca construída socialmente como feminina, demarcando ou sugerindo a incapacidade para o poder, que seria um espaço para o "masculino".

Isso reflete a pressão da sociedade machista para que, quando em cargos eletivos, as mulheres sejam levadas, se querem de fato ter respeito e poder, a adotar comportamentos tidos como masculinos, normalmente atribuídos aos homens. O acesso ao poder daria às mulheres o desafio de atuarem se equilibrando entre um paradoxo: atuar como "homens" ou como "mulheres". No primeiro caso, arriscam a perder para efeito externo as características que marcam a sua feminilidade. No segundo, arriscam a perder o respeito que seria desejável ao posto que ocupam, ao parecer inaptas e incapazes para a posição. As imagens construídas pela mídia, muitas vezes, acabam optando pelo segundo padrão, que mantém os poderes assim como são hoje: masculinos.

Como votam as mulheres e quem vota nas mulheres

Historicamente, entendia-se que as mulheres seriam mais conservadoras politicamente. Uma pesquisa realizada na Espanha, porém, mostrou que, ainda que a maioria das mulheres fosse conservadora, a maior parte das que demonstravam maior conhecimento de temas políticos, votavam pela esquerda (Folguera, 1982). A autora identifica como uma das razões para o conservadorismo o fato de que as mulheres seriam mais conformadas, logo temiam de forma mais intensa mudanças no *status quo*. Outro aspecto identificado pela autora foi o pragmatismo do voto, atrelado a necessidades mais imediatas das eleitoras.

Em muitos países, o que se vê hoje é uma mudança neste padrão. Iversen e Rosenbluth (2011) identificaram que as mulheres apoiam mais gastos governamentais com serviços e emprego do que os homens, o que as aproxima das ideologias de esquerda. Essas diferenças, de acordo com seus estudos, aumentam em países nos quais existe uma forte demanda pelo trabalho feminino. Em países com mais desigualdade de gênero, as mulheres tendem a ser mais conservadoras.

Os autores encontram uma explicação socioeconômica para tal. As mulheres casadas ganham poder de barganha em suas casas quando têm disponíveis mais estruturas de cuidado dadas pelo governo, como creches. Ou seja, preferem que haja gastos sociais que as retirem do papel exclusivo do cuidado; elegem quem lhes oferecer mais proteção social provida pelo governo. O que normalmente é bandeira de partidos de esquerda.

No Brasil, as pesquisas até hoje não mostraram que existe uma rejeição clara ao voto em mulheres. Levantamentos como o World Values Survey (2009) ou o trabalho de Cavenaghi e Alves (2012) não reconhecem tal aversão. Pelo World Values Survey, apenas 6,7% dos brasileiros concordam enfaticamente com a ideia de que haveria uma superioridade dos homens quanto à habilidade política. O percentual é menor, inclusive, do que o dos vizinhos latino-americanos. Cavenaghi e Alves (2012), também com base no *survey*, afirmam que não se pode dizer que os eleitores tenham uma percepção negativa preconcebida quanto ao desempenho das mulheres em cargos de governo: quase 84% dos eleitores entrevistados em sua pesquisa patrocinada pelo consórcio Bertha Lutz em 2010 afirmaram que votariam em uma mulher para presidente. Modelo utilizado pelos demógrafos mostrou que as características que definem grupos homogêneos de homens quanto à escolha do voto são grau de instrução, residência, recebimento de programa social e religião. No caso das mulheres, elas se agrupam em torno de classe social, frequência religiosa, região de residência e grupos etários. As mulheres não votam mais em mulheres somente por serem mulheres, há outros fatores, tais como religião ou recebimento de programa social, os quais têm muito mais impacto na escolha de uma determinada candidata por uma eleitora mulher. Uma das evidências é que, num levantamento feito um mês antes das eleições, observou-se que, entre os homens beneficiários do Bolsa Família, as intenções de votar em Dilma eram muito mais intensas do que entre as mulheres.

Usando esse mesmo *survey* do consórcio, Matos (2012) concluiu que as mulheres têm percepções menos conservadoras e menos apegadas às tradições do que os homens. Convém destacar, contudo, que tanto mulheres quanto homens têm uma visão bastante conservadora no que diz respeito ao espaço da política.

Ao calcular sobre pesquisas de opinião, Alves (2012) identifica que, nas intenções de voto, é sempre maior o percentual de mulheres no grupo de votos "brancos, nulos ou não sabe". A hipótese que avilta é que, assim como são elas consumidoras mais cuidadosas, "elas só definem o voto quando são convencidas das qualidades pessoais e programáticas das candidaturas". Alijadas da política, buscariam alguém capaz de tocar seus corações e mentes. Porque, longe que estão do poder, as mulheres acabam também se interessando menos pela política fora dos momentos de campanha eleitoral.

8. POLÍTICAS PÚBLICAS E LEGISLAÇÃO

As mulheres e as mudanças nos marcos legais e nas políticas públicas

O Estado brasileiro constituiu-se com a proclamação da Independência em 1822, e houve um longo percurso para que emergissem políticas públicas que fossem além do monopólio da moeda e da violência. Contudo, durante o século XX, o avanço dos direitos sociais no mundo provocou o surgimento e a consolidação de políticas de educação, saúde e, tardiamente, de bem-estar na sociedade brasileira. Toda a legislação do Estado Imperial foi consolidada em torno da figura masculina; as mulheres praticamente foram ignoradas, cabendo a elas apenas o papel doméstico, de submissão. As brancas eram confinadas ao lar, as negras, à mão de obra escrava, vivendo nas franjas da sociedade.

As mulheres, livres e escravizadas, em graus bastante diferenciados, viviam tuteladas pelo Estado patriarcal, no qual o poder público era praticamente ausente. Presas no espaço da família, as mulheres – ricas, pobres, brancas e negras – permaneciam submetidas às vontades masculinas e brancas.

Com a primeira Constituição nacional, de 1824, esboçou-se uma política nacional para a instrução da população, regulamentada pela Lei Geral do Ensino de 1827, que estabeleceu a primeira política social nacional. Esta legislação, porém, diferenciava meninos e meninas. Na realidade, essa lei de 1827 constituía um verdadeiro instrumento de discriminação dos sexos (Saffioti, 1976). Nessas décadas, nada além da educação pode ser caracterizado como alguma política social no Brasil Imperial. Pior: a República não mudou este cenário. Para a infelicidade das mulheres, o Código Civil, aprovado em 1916, numa afirmação do poder patriarcal extremado, tornou as mulheres casadas tuteladas pelos maridos, o que implicava não dispor livremente de patrimônio herdado, nem trabalhar fora de casa, já que o exercício desse trabalho dependia da vontade do seu marido (Marques, Melo, 2008). As mulheres tinham uma cidadania partida, independentemente de sua classe social.

Com a conquista do direito de votarem e ser votadas, as mulheres passaram finalmente a ter algum instrumento para interferir no espaço político. Em 1936, a então maior liderança feminista, Bertha Lutz, assumiu o mandato de deputada federal, por morte do titular. No pouco tempo que durou esta legislatura, Bertha fez a primeira proposta que se pode caracterizar como uma política pública para as mulheres. De concreto, elas só tinham assegurados proteção à maternidade, licença antes e depois do parto e direito de voto.

Teresa Marques (2016) analisa de forma primorosa o mandato parlamentar de Bertha e registra o que foi seguramente a primeira proposta de uma política pública de gênero (ou para as mulheres) desenhada para a sociedade nacional: o anteprojeto do Departamento Nacional da Mulher. Este projeto foi apresentado em abril de 1936 à Câmara Federal. Seu texto propõe com competência políticas relativas ao trabalho feminino, assistência à mulher, à infância e a maternidade, inclusive a gestão da previdência social das trabalhadoras. Ele foi cuidadosamente preparado com a Federação Brasileira pelo Progresso Feminino (FBPF), da qual Bertha era presidente. Com um conteúdo avançado para o tempo, o projeto previa a transversalidade da política pública por meio de ações conjuntas entre educação, trabalho e justiça. Infelizmente, tudo foi interrompido com o golpe de novembro de 1937 e decretação do Estado Novo, que fechou os órgãos parlamentares e extinguiu os partidos políticos. Este projeto acabou ficando apenas para o registro da história.

Nas décadas seguintes, com o fim do Estado Novo, as feministas voltaram à carga e timidamente se espalharam em torno de partidos políticos. Algumas delas disputaram as eleições, mas foram derrotadas e, no processo constitucional de 1946, mantiveram somente o que já haviam conquistado em 1934: o direito de votar e ser votada. A única exceção foi a ampliação do voto que, a partir de então, passou a ser obrigatório para todos os maiores de 18 anos alfabetizados de ambos os sexos.[19]

As organizações feministas nos anos 1950, em pleno apogeu do processo de industrialização, concentraram seus esforços para tentar revogar os entraves do Código Civil e para ampliar a participação das mulheres casadas no mercado de trabalho. O código, na sua forma, tornava as mulheres incapazes, tal como os menores de idade. Em 1962, por fim, esta legislação foi mudada com a promulgação do Estatuto da Mulher Casada (Lei nº 4.121), que as igualava aos maridos.

Nesse processo, destacaram-se as advogadas feministas Romy Medeiros (1921-2013) e Orminda Bastos (1899-1971). O golpe militar de 1964 silenciou a sociedade brasileira e, só nos anos 1970, repercutindo os movimentos internacionais das mulheres europeias e norte-americanas, as brasileiras levantaram suas vozes. Nestes anos, destacam-se duas mudanças: a legislação trabalhista, que permitiu às empregadas domésticas terem carteira de trabalho e direitos parciais da Consolidação das Leis do Trabalho (CLT), e a aprovação da Lei do Divórcio. Esta foi uma bandeira que uniu as

---

[19] Na Constituição de 1934 o voto era obrigatório para as funcionárias públicas e optativo para as demais mulheres.

mulheres com suas singularidades e interesses diversos, sobretudo os estratos médios e ricos da elite.

O pleito pela aprovação do divórcio era antigo. Já na construção da primeira carta constitucional republicana houve uma tentativa de aprovação desse direito. Depois disso, a oposição da Igreja Católica foi feroz e inibiu o movimento feminista no momento constitucional de 1933/1934. Nos anos 1950, esta luta voltou ao parlamento nacional pelas mãos do deputado federal Nelson Carneiro (1910-1996). Após muitas idas e vindas, a lei foi instituída, oficialmente, com autoria do mesmo parlamentar Nelson Carneiro, mas durante seu mandato como senador pelo Rio de Janeiro. As galerias estavam repletas de mulheres e militantes feministas, que lá permaneceram por toda a noite, com velas acesas, até a aprovação final. O divórcio foi aprovado como Emenda Constitucional nº 9, de 28 de junho de 1977 e regulamentado pela Lei nº 6.515 de 26 de dezembro do mesmo ano. Com isso, o desquite transformou-se em separação judicial, e foi revogado o capítulo I e parte do capítulo II do Título IV do Código Civil de 1916 (arts. 315 a 328) que tratava da Dissolução da Sociedade Conjugal e Proteção da Pessoa e dos Filhos.

Estas conquistas possibilitaram mudanças nos marcos legais que regiam a participação feminina em nossa sociedade. Nenhuma destas medidas foi conquistada sem uma forte atuação das mulheres.

Num contexto de cerceamento das liberdades democráticas, o feminismo organizado ganhou a sociedade, empenhado contra a supremacia masculina, a violência sexual e pelo direito ao prazer. A pedra de toque foi à convocação pela Organização das Nações Unidas (ONU) da I Conferência Internacional da Mulher, na cidade do México, em 1975. A participação oficial do Brasil fortaleceu o movimento e fez com que se multiplicassem os grupos de mulheres. Uma intensa mobilização ganhou corpo no país.

A anistia aos perseguidos pela ditadura em 1979 e a volta da democracia nos anos 1980 multiplicaram a agenda feminista no espaço político nacional. Isso culminou com as experiências iniciantes dos feminismos no aparelho do Estado brasileiro. A partir de então, leis foram escritas, políticas públicas promulgadas e estas ações tiveram seu ponto alto na promulgação da Carta Constitucional de 1988.

Pode-se afirmar que a lenta invasão feminista no aparelho de Estado desenvolveu-se desde esta década e foi incorporando a perspectiva das mulheres ou de gênero nas políticas públicas e programas governamentais no Brasil.

A política pública é uma ação do governo que se orienta para determinados objetivos, traduzindo certo jogo de interesses; um programa governamental é uma ação em que se desdobra a política pública (Farah, 2004). O conceito de gênero como referência analítica relaciona-se às construções social e histórica do feminino e do masculino e das assimetrias que marcam as relações entre os sexos em nossa sociedade. Desta forma, o conceito enfatiza as relações sociais, desnuda as desigualdades das relações de poder, o que traz luz à situação de subordinação das mulheres, tanto na esfera pública quanto na privada. A utilização da perspectiva de gênero para analisar as políticas e programas governamentais permite mensurar, de forma mais adequada, de que maneira as iniciativas do Estado contribuíram ou não para construir uma sociedade mais igualitária no país. Portanto, políticas públicas com recorte de gênero são aquelas que reconhecem tais desigualdades e implementam ações diferenciadas dirigidas às mulheres. Sejam elas de ordem municipal, estadual e nacional.

Este processo engendrou-se na efervescência dos movimentos feministas e de mulheres daqueles anos. A mobilização possibilitou que, em meados dos anos 1980, fossem implantadas as primeiras políticas públicas que reconheciam a diferença das relações de gênero. Tal diagnóstico permitiu desenhar ações diferenciadas para as mulheres.

Grandes marcos foram a criação dos dois primeiros conselhos estaduais da condição feminina, de Minas Gerais e de São Paulo, em 1983 e, ainda neste ano, a instituição do Programa de Assistência Integral à Saúde da Mulher (Paism).

O clamor contra os assassinatos de mulheres originou a instalação da primeira Delegacia de Polícia de Defesa da Mulher, no Estado de São Paulo, em 1985. Ainda em setembro do mesmo ano, o governo federal criou o Conselho Nacional dos Direitos da Mulher (CNDM), órgão do Ministério da Justiça que tinha como incumbência desenhar políticas públicas e ações governamentais que contribuíssem para eliminar as desigualdades entre mulheres e homens em nossa sociedade. Para Albertina Costa, a criação do CNDM teve um papel decisivo no reconhecimento da legitimidade das políticas específicas para as mulheres (2014).

Estes novos organismos públicos, instalados pela pressão das feministas e associações de mulheres, tiveram papéis marcantes na mobilização feminina na construção do processo constitucional de 1988.

Numa campanha memorável, desenvolvida pelo CNDM, em torno da bandeira "Constituinte para valer tem que ter palavra de mulher" foi escrita a Carta das Mulheres Brasileiras, entregue na Câmara federal em março de 1987 com as propostas discutidas na sociedade sobre o poder patriarcal. A Carta propunha novas políticas contra a discriminação nos campos da saúde, família, trabalho, violência, cultura e propriedade da terra. Uma intensa mobilização das mulheres acompanhou os trabalhos constituintes e resultou na incorporação de grande parte das reivindicações feministas à Carta Constitucional de 1988. Assegurou-se que "homens e mulheres são iguais em direitos e obrigações, nos termos desta Constituição" (art. 5, 1). E que os "direitos e deveres referentes à sociedade conjugal são exercidos pelo homem e pela mulher" (art. 226, § 5º).

Esses artigos foram os emblemáticos da luta das mulheres, porque garantiram a condição de equidade de gênero e a proteção dos direitos humanos das mulheres na sociedade brasileira. Junto a eles, estava a proibição da diferença de salários, de exercício de funções e de critério de admissão por motivo de sexo ou estado civil. Este artigo foi regulamentado pela Lei nº 9.029, de 13 de abril de 1995, que proíbe a exigência de atestados de gravidez e esterilização e outras práticas discriminatórias para efeitos admissionais ou de permanência da relação jurídica de trabalho. Continuando a escrita constitucional, ficou assegurado que é dever do Estado coibir a violência no âmbito das relações familiares (art. 226, § 8º), tendo sido prevista a notificação compulsória, em território nacional, de casos de violência contra a mulher que for atendida em serviços de saúde pública ou privada, nos termos da Lei nº 10.778, de 24 de novembro de 2003. Posteriormente, foi incorporada na Lei Maria da Penha – Lei nº 11.340, de 7 agosto de 2006, para a prevenção e o combate da violência contra a mulher. Ainda no governo Fernando Henrique Cardoso, havia sido promulgada a Lei nº 10.224, de 15 de maio de 2001, que dispõe sobre o crime de assédio sexual.

A Constituição Federal de 1988 não somente efetivou diversos direitos requeridos pelo movimento feminista, como teve um papel crucial na atuação do Estado brasileiro nas décadas seguintes, tanto na gestão, quanto na elaboração de políticas públicas mais igualitárias.

Os anos compreendidos entre 1990 e 2002 foram turbulentos na elaboração e na execução de políticas públicas de gênero, diferentemente do período compreendido entre 1985 e 1989, quando, sob a batuta de Jacqueline Pitanguy, o CNDM desempenhou um papel significativo na construção de melhores leis e políticas. Nos anos seguintes, com a perda da autonomia financeira e administrativa, essa política pública de gênero praticamente desaparece do cenário nacional. Conselhos estaduais que ficaram atuantes entraram neste vácuo.

No período, deve-se destacar o papel das conferências internacionais de Nairobi (Quênia), Cairo (Egito) e Viena (Áustria), que ajudaram a sustentar a chama da luta feminista naqueles anos.

O período 2003-2010 foi o melhor período das políticas com viés de gênero. Em um bom momento econômico e de atenção com os movimentos sociais, ocorreu a incorporação das perspectivas de gênero e raça, por meio de duas secretarias especiais: uma relacionada às mulheres e a outra de combate ao racismo, a Secretaria Especial de Políticas para as Mulheres (SPM) e a Secretaria de Políticas de Promoção da Igualdade Racial (Seppir), ambas vinculadas à Presidência da República e dotadas de status ministerial e de orçamento.

A SPM propôs estratégias para o desenvolvimento de políticas para as mulheres baseada no princípio da transversalidade, ou seja, da incorporação da perspectiva de gênero e de raça nas ações desenvolvidas por todos os órgãos do governo federal. Sua criação legitimou a elaboração e a implementação de políticas públicas para as mulheres no aparelho do Estado com o objetivo de eliminar todas as formas de discriminação e desigualdades de gênero e raça (Bandeira e Melo, 2010).

Uma das chaves do êxito da atuação da SPM foi incorporar a participação social tanto para a formulação de políticas públicas quanto para controle social. Esse controle expressou-se na realização das conferências da mulher, na atuação do CNDM, assim como pelo Comitê de Monitoramento do Plano Nacional de Políticas para as Mulheres (PNPM). Tais planos foram construídos a partir das resoluções aprovadas pelas conferências municipais, estaduais e nacional, ocorridas nos anos de 2004, 2007, 2011 e 2016 e envolveram em todo o processo centenas de milhares de mulheres em todo o território nacional.

Mais cidadania para as mulheres brasileiras

O Plano Nacional de Políticas para as Mulheres (PNPM) de 2004 foi um marco na afirmação dos direitos da mulher. Ele mobilizou, nas suas conferências, cerca de 400 mil mulheres em todo o país, enfrentou as desigualdades entre mulheres e homens, e reconheceu o papel fundamental do Estado, por meio de ações e políticas públicas, no combate a estas desigualdades. Os planos foram escritos tendo como pontos fundamentais:

a) Igualdade e respeito à diversidade.
b) Equidade. A todas as pessoas é garantida a igualdade de oportunidades.
c) Autonomia das mulheres sobre suas vidas e corpos.
d) Laicidade do Estado.
e) Universidades das políticas.
f) Justiça social.
g) Transparência dos atos públicos.
h) Participação e controle social.

Com estes princípios, foram escritas as ações e estabelecidas as prioridades para que políticas fossem traçadas para os respectivos ministérios. As ações foram definidas a partir de quatro linhas de atuação:

a) autonomia, igualdade no mundo do trabalho e cidadania;
b) educação inclusiva e não sexista;
c) saúde das mulheres, direitos sexuais e reprodutivos;
d) enfrentamento à violência contra as mulheres.

Os planos seguintes, escritos depois das conferências de 2007 e 2011, seguiram tendo como pano de fundo estas grandes linhas de ação, bem como a preocupação de avaliar a implementação tanto do primeiro quanto do segundo PNPMs. No fundo, esses planos de políticas públicas significaram uma conquista da sociedade brasileira, impulsionada pelo movimento feminista e de mulheres. Foram resultado do esforço de milhares de militantes anônimas que enfrentam em seus cotidianos a dificuldade de viver numa sociedade construída em pilares da discriminação de sexo e racial.

A conferência de 2016 aconteceu na etapa final do processo de *impeachment* sofrido pela presidenta Dilma Rousseff. Em outubro de 2015, a Secretaria de Políticas para as Mulheres da Presidência da República foi unificada numa ação conjunta com as secretarias da Igualdade Racial e dos Direitos Humanos, transformaram-se no Ministério das Mulheres, da Igualdade Racial e dos Direitos Humanos. Foi uma perda, mas, mesmo neste novo formato institucional, o órgão continuou com orçamento próprio e com o objetivo de manutenção da política para as mulheres.

Entretanto, o mais duro baque ocorreu no governo que substituiu Dilma Rousseff, o qual fez mudanças profundas nas políticas de direitos humanos e sociais como, por exemplo, a extinção desse mesmo ministério. A Secretaria de Mulheres foi inicialmente transferida para o guarda-chuva do Ministério da Justiça. Em consequência, as propostas da IV Conferência não se consubstanciaram num novo Plano de Políticas para as Mulheres.[20] Posteriormente, em 3 de fevereiro de 2017, foi recriado o Ministério dos Direitos Humanos, englobando as antigas secretárias – Mulheres, Igualdade Racial e Direitos Humanos.

A gestão mais longeva destes anos foi da ministra Nilcéa Freire, que durou de 2004 a 2010 e reabilitou a pujança da política pública

---

[20] No dia 2 de fevereiro de 2017 o presidente Temer anunciou a criação do Ministério dos Direitos Humanos que absorvia a Secretaria Especial de Políticas para as Mulheres, que tinha sido transferida para o Ministério da Justiça depois do *impeachment* da presidenta Dilma Rousseff, em abril de 2016.

de gênero dos anos 1980. Deve-se a esta gestão um dos principais pilares do combate à violência doméstica: a Lei Maria da Penha.

As questões interseccionais

Ao lado da Secretaria de Políticas para as Mulheres, nesse mesmo período, instaurou-se a Secretaria de Promoção da Igualdade Racial (Seppir), cujos desafios consistiam em admitir que racismo e sexismo são estruturantes das relações sociais no país. Um dos seus objetivos era separar os efeitos do racismo dos efeitos da pobreza – uma vez que a grande maioria dos pobres brasileiros é negra – para que a política de Estado não seja compartimentada em eixos isolados. "Existe sempre essa tendência de achar que a vida das pessoas negras é mais difícil, devido ao fato da maioria ser pobre, e nunca achar que existe essa variável que opera independentemente da inserção econômica da pessoa negra que é o racismo propriamente" (*Jornal Fêmea*, 2011).

Ao lado das lutas tradicionais das mulheres brancas e negras, agregou-se, com mais ímpeto a partir de 2011, a das mulheres indígenas, por meio do Conselho Nacional de Mulheres Indígenas. Este vem lutando pela ampliação do protagonismo, pela autonomia, pela equidade de gênero e valorização das mulheres indígenas por meio de políticas públicas, pela demarcação das terras, pela educação diferenciada e saúde de qualidade.

Nota-se que, nos últimos anos, a pauta das mulheres brasileiras ampliou-se num grande leque que abrangeu desde as diferenças que permeiam o movimento feminista até a questão racial e étnica e de orientação sexual. A luta contra o sexismo e a lesbofobia foi um compromisso assumido pela política pública de gênero consagrado por estes planos.

O exemplo da atuação federal da SPM/PR foi decisivo para o movimento de mulheres do Brasil até 2015. Até 2016, havia no território nacional mais de 700 órgãos públicos que executavam políticas para as mulheres. Estes organismos, fracos ou fortes, foram e são vitais para manter as políticas para as mulheres já consolidadas, bem como para ampliar as que já existem e desenvolver novas iniciativas de combate às desigualdades.

Saúde, direitos sexuais e reprodutivos, a questão do aborto

A luta pelo direito ao controle sobre seu corpo no âmbito da saúde sexual e reprodutiva feminina tem sido, no decorrer do tempo, uma das mais duras batalhas travadas pelas mulheres na conquista dos seus direitos. Silenciadas e reféns do destino no exercício da sexualidade, as mulheres enfrentaram e enfrentam preconceitos, dogmas religiosos e discriminações quando se trata de reprodução e sexualidade.

O ressurgimento do movimento feminista no mundo, nos anos 1960, introduziu a bandeira "o nosso corpo nos pertence". A frase tornou-se um dos temas centrais da luta feminista internacional, denunciando o determinismo biológico e expressando a vontade de autonomia das mulheres. Elas queriam ter desejos, identidades expressas em subjetividades plurais e poder exercê-las sem o controle dos homens, da família, do Estado, das instituições religiosas, jurídicas e médicas (Bandeira e Melo, 2010).

Esta bandeira traz implícita a noção de que os corpos femininos eram propriedades masculinas; os homens ditavam suas normas de apropriação. Não se pode ignorar que o fenômeno da reprodução da vida acontece nos corpos das mulheres, e este foi – e é – nosso calcanhar de aquiles, pois, na sociedade patriarcal, a expropriação organizada da sexualidade é que define o sexo – mulher (MacKinnon, 2016). As regras do domínio, portanto, determinavam que a mulher só seria uma mulher "completa" caso se tornasse mãe. As feministas dizem não ao resgatar que a reprodução e as tarefas dos cuidados são essenciais para a humanidade e que, ao Estado, cabe assegurar às mulheres seu direito de escolha de optarem ou não pela maternidade, bem como garantir serviços de saúde de pré-parto e parto, creche e educação.

Para que as feministas conseguissem avançar nas suas requisições, era preciso encontrar formas de separar a sexualidade da reprodução. Assim, o grupo formado pela enfermeira feminista norte-americana Margareth Sanger (1883-1966), em contato nos anos 1950 com o biólogo da Fundação Worcester Gregory Goodwin Pincus e os doutores Chang e Rock, juntamente com a pesquisa do químico Russel Marker, revolucionou os métodos contraceptivos ao lançarem no mercado, em 1960, a pílula anticoncepcional.

No Brasil, a pílula chega em 1962 (Bandeira e Melo, 2010). O sucesso do uso foi imediato, as mulheres a adotaram prontamente, porque a pílula permitia a elas o rompimento do controle masculino sobre sua sexualidade. A disseminação do uso da pílula anticonceptiva fez com que a maternidade deixasse de ser um destino; tornava-se uma escolha.

Nos anos 1970 no Rio de Janeiro, em São Paulo e logo nas diversas capitais brasileiras, explodiram novas organizações feministas, mas só com a chegada das primeiras mulheres exiladas (1979) que os temas relacionados à sexualidade e ao aborto foram assumidos como uma pauta do movimento. Não por desconhecer a problemática, mas, devido à dureza do regime militar, evitava-se tocar num tema tabu para a Igreja Católica. Enquanto isso, na Europa e nos EUA, a questão do direito ao aborto estava sendo intensamente debatida.

Um fato viria a marcar uma mudança de postura em *Terra Brasilis*. Em janeiro de 1980, uma clínica clandestina que realizava abortos foi estourada em Jacarepaguá, bairro da cidade do Rio de Janeiro. Mulheres, médicos e funcionários foram presos na operação policial. Numa ação organizada e inusitada, um grupo de mulheres decidiu, como forma de protesto, pagar a fiança para soltar todas as mulheres presas. Foi a primeira manifestação pelo direito à interrupção de uma gravidez indesejada, que contou com a participação de feministas de vários matizes.

Do exemplo carioca, nasceram, nos demais estados brasileiros, outros grupos que se dedicaram ao tema numa roupagem mais ampla dos direitos sexuais e reprodutivos. Essa mobilização dá início às demandas colocadas pelas mulheres ao Estado brasileiro, o que culminará, em 1983, com a criação do Paism (Programa de Assistência à Saúde da Mulher), pelo Ministério da Saúde.

Essa política abrangia o tema da sexualidade e da reprodução, mas a criminalização do aborto permanece na legislação brasileira até os dias atuais, mesmo com o aborto sendo causa da morte de muitas mulheres. As curetagens pós-aborto são a quarta causa de mortalidade materna na clínica ginecológica e de obstetrícia brasileira (Raseam, 2013).

Os anos 1970 e 1980 foram pioneiros da revolta das mulheres da segunda metade do século XX e, como destacou Maria Betânia Avila (1993), assinalaram a grande virada para a criação da noção de "direitos reprodutivos". Foi quando as mulheres se assumiram como sujeitos políticos e inventoras de valores e da história, bem como as lutas pela descriminalização do aborto e da contracepção passaram a ser pautadas na perspectiva da cidadania (1º Encontro da Rede Feminista de Saúde e Direitos Reprodutivos, 1993). Nesse mesmo período, passou-se a entender que o Estado deveria assumir seu papel de executor de política pública para a questão.

O setor saúde foi sempre uma demanda dos movimentos de mulheres no Brasil, entretanto o destaque acaba sempre com demandas relativas à saúde da mulher como mãe: mulheres gestantes e crianças em seus primeiros anos de vida. Ainda assim, o Brasil não atingiu a meta estabelecida entre os Objetivos do Milênio (ODM) de reduzir a mortalidade materna para 35 óbitos em 100 mil nascidos vivos (de ambos os sexos).

Nos anos 1980, o movimento feminista brasileiro levou para a arena política a questão da saúde reprodutiva. Miriam Ventura (2011) afirma que as leis e as políticas estabelecem mais restrições à liberdade sexual e reprodutiva feminina, justificadas por razões de Estado. O exemplo mais forte é a criminalização do aborto voluntário, que negligencia que os riscos e os custos da procriação se dão nos corpos e nas vidas das mulheres.

O grito das mulheres pela descriminalização do aborto tem sido uma constante durante esses anos. O movimento feminista brasileiro, diante do titubeio da política do Estado, criou a Rede Nacional Feminista de Saúde e Direitos Reprodutivos (RedeSaúde), em 1991. No princípio, eram 40 organizações feministas de várias partes do país que atuavam no campo da saúde da mulher. Em 2000, a RedeSaúde contava com 182 filiadas – entre grupos feministas, ONGs, núcleos de pesquisa, profissionais de saúde e ativistas feministas de 20 estados brasileiros. Esta rede teve enorme destaque na política de saúde da mulher, seja monitorando a formulação ou acompanhando as ações do Paism.

Dos anos 2003 aos dias atuais, esta política da saúde feminina desenvolveu-se com avanços e dificuldades. Leis e políticas públicas de saúde, direitos reprodutivos e sexuais foram implantados em programas e ações tais como Saúde na Família, Assistência Pré--natal, Parto e Nascimento, Doenças Sexualmente Transmissíveis (DST) e Aids para as mulheres. Uma assistência bastante limitada ao aborto permitido por lei – casos de estupro, risco de vida da mãe, já previstos no Código Penal desde 1940, e anencefalia, permitida por decisão do STF em 2012 – passou a ser realizada no Sistema Único de Saúde (SUS). O Ministério da Saúde também implantou, além destes programas, ações de saúde que visavam atender a diversidade e a ampliação de acesso a prevenção e tratamento de cânceres de mama e útero.

De qualquer maneira, a questão dos direitos reprodutivos – que incluem a luta pela legalização ou descriminalização do aborto – foi provavelmente a mais polêmica da gestão do mandato da presidenta Dilma Rousseff, por ser ela uma mulher. Na gestão 2011-2014, foram estabelecidas políticas de saúde para a maternidade, mas calou-se sobre a questão do aborto, que ficou entregue apenas ao movimento feminista. Nas palavras da professora da UnB Debora Diniz: "para mim, uma das grandes tristezas do governo Dilma foi ver que a discussão sobre os direitos reprodutivos das mulheres não avançou em nada, pelo contrário, os serviços que oferecem aborto legal (para os casos previstos em lei) foram cortados pela metade nesse governo" (*BBC Brasil*, maio de 2016). É importante lembrar que, durante a campanha eleitoral de 2010, o tema veio à baila, com o candidato à presidência da República José Serra (PSDB) acusando Dilma de "abortista".

Violência doméstica contra as mulheres

As mulheres precisam ter o direito a uma vida sem violência. E isso, sem dúvida, é algo que realimenta a violência na sociedade.

Timidamente, as questões da violência doméstica, espancamentos e humilhações por que as mulheres passam no seu cotidiano familiar começaram a se tornar públicas a partir da década de 1970. De início, pela própria dinâmica dos grupos feministas, que se organizavam no interior do Brasil, mas o assunto propagou-se rapidamente no fim dessa década, após os assassinatos de damas da elite brasileira. O primeiro foi o crime de Búzios (RJ), com a morte de Ângela Diniz; seguido dos assassinatos, em 1980, de Eloísa Ballesteros, em Belo Horizonte (MG), em 1981, de Cristel Arvin Johnston no Rio de Janeiro (RJ), e depois, em São Paulo, o de Eliane de Gaumont. Todas foram vitimadas por seus maridos ou companheiros. Estes crimes colocaram a violência contra a mulher nas páginas policiais e no dia a dia das brasileiras. O CMB/RJ foi para as ruas protestar e pedir justiça para estes crimes. E até a TV Globo fez uma minissérie antológica chamada "Quem ama não mata", uma das consignas empunhadas pelas feministas brasileiras na denúncia da violência doméstica e dos assassinatos de mulheres.[21]

A premência de atuar contra todo o tipo de violência da qual as vítimas são mulheres emergiu durante o Encontro Feminista de Valinhos (junho de 1980, em São Paulo), quando foi proposta a criação de centros de autodefesa. O passo seguinte foi a criação dos SOS-Mulher. Tais ações vão se traduzir na criação das delegacias especiais para o atendimento de mulheres vítimas de violência (Deam), a partir de 1985, no estado de São Paulo. Ao longo das décadas seguintes, outras delegacias foram surgindo em vários estados brasileiros.

No processo de multiplicação destes grupos feministas que se espalharam pelo território nacional, tiveram presença tanto as mulheres brancas quanto as negras. Estas reafirmando o protagonismo como símbolo de resistência na luta contra o racismo e o sexismo. Em 1986, no estado de São Paulo, foi realizado o I Encontro Estadual de Mulheres Negras. Em 1988, foi a vez do estado do Rio de Janeiro, com o I Encontro Nacional de Mulheres Negras, em Valença, com 400 participantes de 17 estados brasileiros. Desde então, se sucederam os encontros feministas como esses.

---

[21] No protesto organizado pelo movimento feminista mineiro pelo assassinato de Eloisa Ballesteros, as mineiras usaram esta frase em uma faixa que rapidamente foi adotada pelas feministas brasileiras.

O aumento da participação política feminina na sociedade se deu nos partidos políticos, mas principalmente nos movimentos sociais. No Rio de Janeiro, em 1982, o movimento feminista escreveu uma plataforma com reivindicações, o "Alerta Feminista", que foi entregue aos candidatos majoritários e proporcionais. Virou um documento frequente nas eleições seguintes.

Um dos efeitos foi a criação, nos estados de Minas Gerais e São Paulo, em 1983, de um órgão específico para tratar das demandas das mulheres, o Conselho Estadual da Condição Feminina.

A primeira Deam (Delegacia Especializada de Atendimento à Mulher), cujo objetivo era assegurar atendimento digno à população feminina, vítima de violência doméstica e familiar, foi criada pelo Decreto nº 2.170-N, de 24 de outubro de 1985. Em geral, havia um constrangimento feminino em denunciar seus maridos ou companheiros, logo a explicitação de um serviço especializado abrangendo as atividades de investigação, prevenção e repressão aos delitos praticados contra a mulher facilitava a procura por elas dos novos serviços.

Outra presença marcante das feministas brasileiras foi durante a Convenção Interamericana para Prevenir, Punir e Erradicar a Violência contra a Mulher (Convenção de Belém do Pará), adotada pela Assembleia Geral da Organização dos Estados Americanos (OEA) em 1994. Ratificada pelo Brasil em 27 de novembro de 1995, a resolução promoveu um grande avanço para a compreensão e visibilização da temática, ao dispor, entre outros, sobre a definição de violência contra as mulheres. Ancorada nesta convenção, foi elaborada a Lei nº 11.340/2006, conhecida como Maria da Penha.

O título para esta lei foi em homenagem à luta travada por justiça da advogada cearense Maria da Penha Maia Fernandes, nascida em 1945. Depois de duas tentativas de assassinato pelo marido, numa das quais ficou paraplégica, e de suas tentativas para obter justiça, ela, em conjunto com o Comitê Latino-Americano do

Caribe (Cladem-Brasil) e o Centro para Justiça e Direito Internacional, encaminhou uma petição contra o governo brasileiro por não cumprir a lei. A corte internacional condenou o Estado brasileiro, e isso permitiu o julgamento e a condenação de seu marido agressor.

Os registros policiais mostram inúmeros casos de violência contra as mulheres, assassinatos e denúncias alarmantes e crescentes ao longo destes anos. O maior número de violências é cometido contra meninas e mulheres, no geral dentro de suas próprias casas, pelas mãos de pais, maridos ou companheiros, fazendo destas situações um número superior a 70% das denúncias, como demonstra o Mapa da Violência, baseado nas ligações do Ligue 180, iniciativa da antiga SPM na luta contra a violência doméstica.

No geral, as motivações para os atos de homicídios contra as mulheres estão relacionadas aos intitulados erroneamente de "crimes passionais", diferentes daqueles cometidos contra os homens (tráfico, acerto de contas, vingança, brigas). Também são elevados os índices da prostituição feminina, assim como do tráfico de mulheres, que acabam por se reverter em outra causa do aumento do assassinato de mulheres (Bandeira e Melo, 2014).

A Lei Maria da Penha, em vigência desde 22 de setembro de 2006, instaurou, no cenário político e jurídico brasileiro, mecanismos para coibir e prevenir a violência contra as mulheres em situação familiar e em relações afetivas, em todas as suas expressões, em qualquer contexto socioeconômico. Assim, questões importantes ganharam destaque, como a legitimidade e a validade jurídica desta lei, a importância de uma nova maneira de administração legal de conflitos interpessoais, inovando em relação à estrutura existente. O Estado brasileiro, que permaneceu omisso por décadas, recuperou seu protagonismo com a implementação dessa lei.

O que significa a Lei Maria da Penha?

A lei estabelece a tipificação da violência, veda a aplicação de penas de cesta básica ou outras de prestação pecuniária, bem como a substituição de pena que implique o pagamento isolado de multa; retira o conteúdo, anteriormente previsto no Código Penal, que atenuava a pena para o agressor "sob o domínio de violenta emoção" ou para o "crime por motivo de relevante valor social ou moral". Esta lei é decorrente da incorporação do princípio da igualdade entre homens e mulheres, e nos termos do § 8º do art. 226 da Constituição Federal de 1988, que determina competir ao Estado assegurar a assistência à família mediante mecanismos que coíbam a violência no âmbito de suas relações. Portanto, a Lei nº 11.340/2006 é o resultado da iniciativa do movimento feminista que, num amplo debate realizado na esfera pública e coordenado pela SPM/PR, reafirmou o reconhecimento dos direitos humanos fundamentais de proteção e participação das mulheres vítimas de violência no Brasil.

Sua promulgação obriga o Estado a facilitar o acesso das vítimas à justiça e às necessárias medidas protetivas de urgência, muitas delas no campo do direito de família, para deter a escalada da violência contra as mulheres. É bastante comum que atos mais violentos contra mulheres por parte de homens de seu convívio tenha início com agressões mais brandas. A lei, portanto, possibilita atuar antes que o caso chegue ao extremo de um homicídio.

Esta lei também estabeleceu iniciativas inéditas para enfrentar a violência, como a criação de uma vara judicial para atender mulheres agredidas, interferindo na área da segurança pública e no Judiciário, buscando contribuir para mudar práticas institucionais de atuação no enfrentamento dessa questão. Porque a violência contra a mulher não é um "evento", algo que possa ser considerado excepcional. Trata-se de uma prática relativamente frequente, que redimensiona ou renegocia os pactos domésticos e, nesse sentido, há elementos distintivos entre as mulheres agredidas, passando pela condição de classe e raça.

Historicamente, a violência contra as mulheres sempre foi tratada de maneira trivial, restrita à vida privada; considerando-se apenas as relações estabelecidas entre as pessoas envolvidas. Ainda que não seja, de forma alguma, um fenômeno novo, foi apenas na última década que se tornou objeto de criação de uma lei própria, a qual representou um significativo avanço das reivindicações do movimento feminista e dos direitos das mulheres. Ela torna crime todo ato de violência física, moral, patrimonial, psicológica e sexual contra as mulheres na esfera das relações domésticas e familiares.

É tal a gravidade do problema que é preciso exigir um maior compromisso dos estados com a efetivação de políticas públicas de enfrentamento à violência – por meio de um pacto contra a violência que esteja presente nas 27 unidades da federação.

A Lei Maria da Penha é seguramente uma das maiores conquistas das mulheres brasileiras na história recente. No entanto, o grande desafio para coibir a violência doméstica do ponto de vista institucional se apresenta em vários níveis: primeiro, transformando as mentalidades, os valores e as ideias; segundo, o da constituição de uma vontade política em direção à democratização das relações sociais de gênero; como terceiro obstáculo, têm-se as restrições orçamentárias e a falta de treinamento dos recursos humanos dos operadores do direito para lidar com as mulheres vítimas de violência doméstica. Estes são desafios ainda presentes no estabelecimento da rotina desta legislação no campo jurídico.

Inversamente, há uma grande barreira no campo psicológico feminino e masculino. No caso delas para romperem com o ciclo da violência e, no deles, para abandonarem o papel de dominação sobre a mulher.

A promulgação da Lei Maria da Penha e as políticas implantadas pela SPM/PR trouxeram resultados imediatos, tais como o aumento das denúncias e maior visibilização.

Em relação à expansão de serviços, por exemplo, a Pesquisa de Informações Básicas Estaduais (2012), levantamento realizado pelo IBGE, identificou que, nesse ano, o Brasil tinha 66 juizados exclusivos, especializados em Violência Doméstica e Familiar contra a Mulher. Em 2013, existiam no Brasil 194 casas abrigos e centros especializados de atendimento à mulher (Ceam), 531 delegacias especializadas de atendimento à mulher (em 2003, eram 200 Deams), 53 com núcleos especializados de atendimento à mulher nas defensorias públicas e 85 juizados de violência doméstica e familiar contra a mulher (Raseam, 2014).

Embora tais serviços atendam uma rede mais ampla do que a definida pelo território municipal, há necessidade de maior oferta e fortalecimento das instituições implantadas recentemente. A Rede de enfrentamento à violência contra as mulheres é o desafio para incorporar a intersetorialidade e a transversalidade como diretriz das políticas públicas federais.

A legislação contra a violência da mulher foi ampliada em 9 de março de 2015, quando foi promulgada a Lei do Feminicídio (Lei nº 13.104/2015).

O feminicídio é o homicídio doloso praticado contra a mulher por razões da sua condição feminina. A prática do crime considera que a pessoa do sexo feminino tem menos direitos do que as do sexo masculino. Embora atrasada, já que 15 países latino-americanos já haviam previsto tal figura jurídica, a aprovação desta lei foi extremamente significante para a vida das mulheres. Ela fez as seguintes mudanças no Código Penal: introduziu no § 2º do art. 121 do Código Penal e o inciso VI, qualificadora que trata do feminicídio. Aumentou suas penas (um terço até a metade) para os casos em que foi praticado feminicídio, durante a gestação, nos três meses posteriores ao parto, contra pessoa menor de 14 anos, contra pessoa maior de 60 anos, contra pessoa deficiente e na presença de descendente da vítima. Por último, incluiu o feminicídio no rol dos crimes hediondos (art. 1º, I, da Lei nº 8.072/1990). A ocorrência de feminicídio é uma das manifestações mais graves da violência de gênero e é mais frequente nas sociedades em que as mulheres ocupam posições subalternas, já que exprime uma lógica vinculada às relações desiguais de poder entre os gêneros.

Apesar dos avanços, é preciso ir além das ações repressivas contra os agressores, por exemplo, com ações educativas permanentes que permitam, num futuro próximo, o empoderamento feminino e uma melhor vida social. Leila Barsted (2011) afirma que o indicador de maior progresso das mulheres no Brasil foi o notável avanço legislativo relativo ao enfrentamento da violência contra as mulheres. Permanece o desafio que é o acesso à justiça e o direito de viver sem violência. O Relatório da Anistia Internacional destaca as violações de direitos humanos no Brasil e mostra que a violência letal contra as mulheres aumentou 24% na última década.

O futuro das políticas com viés de gênero é profundamente incerto, mas o movimento de mulheres ganhou uma revitalização enorme desde 2013, com ondas de jovens grupos feministas espalhados pelo Brasil que defendem com coragem as conquistas das últimas décadas. Certamente esta explosão significa um reforço na luta pela igualdade tão sonhada pelas nossas antepassadas, além de um importante grupo de pressão para novas políticas públicas e legislação com olhar para a mulher.

CONCLUSÃO

Nas próximas páginas, este livro chega ao fim. Diferentemente da luta das mulheres. Esta obra introdutória não pretende – nem seria capaz de – abarcar todos os temas que envolvem a discussão sobre as mulheres e a falta de acesso ao poder no Brasil e no mundo. Esse é um debate longo, longínquo e multifacetado, que vem recebendo cada vez mais influência de diferentes campos do saber. Nossa intenção era fornecer informações variadas sobre um diálogo que se faz mais que necessário. Mesmo com muitos avanços, a batalha das mulheres por equidade segue intensa em todas as esferas.

As reflexões no campo teórico estão passando por um processo de construção do conhecimento no qual as questões interseccionais, que desvelam as desigualdades nas suas mais variadas facetas como também as de raça e classe, estão sendo estudadas, analisadas, mensuradas, entendidas. Sem levar em conta as desigualdades específicas dos grupos de mulheres, não seria possível avançar.

Durante a história e também na construção deste livro, vimos como as mulheres tentaram, por diversos caminhos, romper com os tetos de vidro que as sociedades lhes impuseram. De vidro porque eram quase invisíveis, possíveis de quebrar, mas limitantes de seu crescimento. No caso das brancas, nas sociedades ocidentais, primeiro foi conquistado o acesso à educação, seguido da possibilidade de trabalhar, o direito à propriedade e, por fim, o direito de votar e ser votada. Embora as mulheres pensassem que, a partir do momento que tivessem o direito de votar seriam eleitas, isso não aconteceu em larga escala nem no Brasil e nem no mundo. No meio do caminho, foram ampliados os direitos civis, e a própria autonomia da mulher de decidir por si própria, em alguma medida, o seu destino. Só em 1952 a ONU passou a defender a equidade dos direitos civis femininos.

No caso das mulheres negras escravizadas, livres ou forras, o trabalho lhes foi compulsório por estas terras durante centenas de anos, e sua trajetória, privada das leis que o Estado foi garantindo lentamente às mulheres brancas. As negras não foram poupadas de nenhum tipo de violência, incluindo o uso do seu corpo como propriedade dos senhores. Aos poucos, mas ainda de forma vergonhosamente lenta, esses vãos diminuem, mas, mesmo no século XXI, refletem as marcas do racismo.

Além disso, ainda que as mulheres tenham avançado como um todo no que diz respeito aos anos de estudos, alfabetização e entrada no mercado de trabalho, índices tais como diferenciais salariais (mesmo ao exercer a mesma profissão e com cargos semelhantes); acesso aos cargos de poder, como diretorias de empresas, seguem apresentando enorme resiliência. A vantagem conquistada na educação não conseguiu fazer com que o mercado de trabalho fosse um espaço produtor de autonomia econômica e social. A garantia de condições igualitárias de entrada e permanência no mercado de trabalho, igualdade na remuneração pelas atividades desenvolvidas e acesso aos postos de chefia são algo que precisa ser ultrapassado. Em paralelo, é preciso rasgar o véu que esconde a sobrecarga que pesa nos ombros femininos em relação aos trabalhos que reproduzem a vida: cuidar da casa, das crianças, dos doentes e dos idosos. Tarefas essenciais para a reprodução da vida, feitas "gratuitamente" pelas mulheres e desvalorizadas pela sociedade, como tarefas femininas.

A essas lutas por igualdade das mulheres é preciso mencionar o que é ainda o mais grave problema: a violência de gênero a que a mulher está submetida. Havia uma crença de que a maior autonomia feminina romperia com o círculo de violência doméstica, fenômeno presente na vida de milhares de mulheres, tanto no passado, quanto no presente. Hoje, a violência doméstica é punida pela Lei Maria da Penha, e os assassinatos, pela Lei do Feminicídio, mas esses marcos jurídicos poderosos são ainda insuficientes para sua erradicação.

São muitos os campos de atuação que pedem por uma presença feminina maior e mais igualitária; respeitosa e condizente com o seu conhecimento e sua capacidade de produzir. Ter mais mulheres liderando é, entre outras coisas, ter também mais políticas que digam respeito a aspectos que concernem às mulheres.

Hoje, por exemplo, as mulheres compõem cerca de 52% do colégio eleitoral, mas são ainda poucas com cargos eletivos. As eleitas constituem uma escandalosa minoria nos quadros representativos do país. Assim, o Brasil tem um enorme esforço a fazer, porque ocupa um dos últimos lugares no *ranking* da presença feminina nos parlamentos da América Latina e do mundo. A política sempre foi um espaço masculino e hostil para as mulheres, que, historicamente, tiveram sua atuação restrita ao espaço doméstico.

A participação política é algo mais amplo que ocupar cargos nas câmaras municipais, assembleias legislativas ou Congresso federal; significa participar de sindicatos, associações de classe e de moradores, de movimentos de mulheres, fóruns de cidadania, ter voz na sociedade. As mulheres estão presentes nestes espaços, mas muitas vezes como coadjuvantes do processo, sem o exercício efetivo dos cargos de poder. É necessário participar de todos os níveis de decisão e que a função exercida por elas não seja só uma extensão do que já ocupam na vida privada. Durante os 127 anos da República brasileira, uma mulher foi eleita presidente da República e somente 35 mulheres foram titulares de postos ministeriais, sendo que, até 1999, apenas 10 haviam exercido esta função ministerial. O gráfico

GRÁFICO 15: Participação em postos selecionados (%), 2010

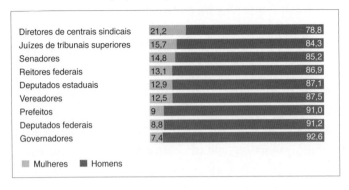

15 evidencia esta situação. As mulheres ainda estão muito longe dos núcleos de decisão e poder e isso acaba por impactar a vida das próprias mulheres.

Elas continuam ocupando menos de 25% também de postos que tenham visibilidade ou que representem status de poder, como diretores de centrais sindicais ou juízas de tribunais superiores. O Supremo Tribunal Federal (STF) nomeou uma ministra pela primeira vez em 2000 (Ellen Gracie) e, desde então, somente duas mulheres foram nomeadas (Cármen Lúcia e Rosa Weber), mesmo considerando a grande presença feminina nas carreiras jurídicas.

O fato de as mulheres irem encontrando barreiras no caminho que as mantêm alijadas da esfera de poder, em muito dificulta que elas sejam bem-sucedidas nos cargos eletivos. A perpetuação dos homens como dominantes no acesso a essas vagas não se trata necessariamente de uma ação deste ou daquele político, mas de uma estrutura de dominação estabelecida na sociedade e que conta com o endosso e retroalimentação de todos os partícipes. Logo, parece natural – quando apenas seria resultante do processo histórico – que os homens dominem as estruturas de poder.

A política é um dos mais visíveis exemplos dessa falta de acesso, mas ela não é a única. Como tratamos longamente no capítulo que fala do trabalho, as carreiras associadas à ideia de "feminino", ou seja, aquelas em que existem mais mulheres trabalhadoras, são também as que registram pior média salarial. E o que vem primeiro? Será que são carreiras menos valorizadas *per se* ou elas são menos valorizadas justamente por serem tipicamente de mulheres?

Ainda que, muitas vezes, os processos pareçam ser resultantes de questões individuais – e pensamos isso, sobretudo, quando olhamos algumas mulheres específicas que cumpriram uma trajetória considerada de sucesso – é necessário ter um olhar para a questão coletiva, visão essa da qual não podemos nos furtar. A desigualdade só pode ser bem identificada e tratada quando vista de forma agregada. O fato de uma mulher ter conseguido "chegar lá" não é indicativo de que todas podem lograr o mesmo êxito e, mais que isso, com similar grau de esforço.

Temos que estranhar sempre que sejam tão poucas aquelas de destaque profissional na sociedade e tentar entender os mecanismos que impedem as mulheres de receber salários dignos por suas funções e de ocupar mais lugares nos postos de poder. Assim como temos que trabalhar nas frentes de combate à violência a que estão submetidas apenas pelo fato de ser mulheres, bem como nas de direitos sexuais e reprodutivos. Portanto, é fundamental, por um lado, ampliar o conhecimento, e, por outro, seguir atuando com grupos de pressão. Só assim essa agenda terá mais chances de avançar.

Esperamos que este livro tenha servido como uma chama para aquelas e aqueles que começaram a se interessar pelo debate. Que ele ajude a fazer repensar as estruturas e instituições e seu papel na reprodução da sujeição das mulheres, na manutenção desse tipo de desigualdade.

Desde que as feministas precursoras dos séculos XVIII e XIX começaram a escrever seus reclames, muitos direitos avançaram. No entanto, persistem lacunas inaceitáveis quando se trata dos direitos de igualdade das mulheres. Se queremos construir, como nação, um destino diferente para as futuras gerações, a única forma é encontrar instrumentos para traçar um caminho mais igualitário, nas suas mais diversas faces.

REFERÊNCIAS BIBLIOGRÁFICAS

AGUIRRE, Rosario; FERRARI, Fernanda. La construction del sistema de cuidados en el Uruguay - En busca de consensos para una proteción social más igualitária. Sistema Naciones Unidas, CEPAL, Serie Politicas Sociales, n. 193, abril 2014.

ALBISTUR, Maité; ARMOGATHE, Daniel. *Histoire du feminisme français*: du moyen âge à nos jours. Paris: Éditions des femmes, 1977.

ALVES, Branca Moreira. *Ideologia e feminismo* – a luta da mulher pelo voto no Brasil. Petrópolis: Vozes, 1980.

ALVES, José Eustáquio Diniz. Diferenças sociais e de gênero nas intenções de voto para presidente em 2010. In: ALVES, J. E. D.; PINTO, C. R. J.; JORDÃO, F. (Org.). *Mulheres nas eleições 2010*. São Paulo: ABCP/SPM, 2012. p. 21-46.

____; CAVENAGHI, Suzana. *Fecundidade e direitos sexuais e reprodutivos na agenda do Cairo +20*. 2014. Mimeo.

ARAÚJO, Clara. Partidos políticos e gênero: mediações nas rotas de ingresso das mulheres na representação política. *Revista Sociologia Política*, n. 24, 2005.

____; ALVES, J. E. D. Impactos de indicadores sociais e do sistema eleitoral sobre as chances das mulheres nas eleições e suas interações com as cotas. *Revista Dados*. Rio de Janeiro, v. 50, p. 535-578, 2007.

____; BORGES, Doriam. O "gênero", os "elegíveis" e os "não elegíveis": uma análise das candidaturas para a Câmara Federal em 2010. In: ALVES, J. E.

D.; PINTO, C. R. J.; JORDÃO, F. (Org.). *Mulheres nas eleições 2010*. São Paulo: ABCP/SPM, 2012. p. 337-386.

___; SCALON, Celi. *Gênero, família e trabalho no Brasil*. Rio de Janeiro: FGV Editora, 2005.

AVILA, Maria Betânia, Relatório. In: do 1º ENCONTRO DA REDE FEMINISTA DE SAÚDE E DIREITOS REPRODUTIVOS, Recife, Pernambuco, out 1993. Mimeo.

BADINTER, Elisabeth. *O que é uma mulher?* Rio de Janeiro: Nova Fronteira, 1991.

BANDEIRA, Lourdes; MELO, Hildete Pereira de. *Tempos e memórias – o movimento feminista no Brasil*, Brasília: Secretaria de Políticas para as Mulheres da Presidência da República, 2010a.

___; ___. O conflito entre reprodução e desejo. *Revista Gênero*, Niterói, UFF, v. 11, n. 1, segundo sem. 2010b.

___; ___. A estratégia da transversalidade de gênero: uma década de experiência da Secretaria de Políticas para as Mulheres da Presidência da República do Brasil. In: MINELLA, Luzinete S.; ASSIS, Glaucia de O., FUNCK, Susana B. (Orgs.), *Políticas e Fronteiras – Desafios Feministas*, v. 2, Tubarão, SC, Ed. Copiart, 2014.

BARBOSA FILHO, W.; BARRETO, Maia Renilda N.; Mulheres e abolição: protagonismo e ação. *Revista da ABPN*, v. 6, nº 14, p.50-62, jul.-out., 2014.

BARSTED, Leila Linhares, O progresso das mulheres no enfrentamento da violência, In: BARSTED, L.L.; PITANGUY, J. (Orgs.). *O progresso das mulheres no Brasil 2003-2010*. Rio de Janeiro: Cepia, ONU Mulheres, 2011.

BERQUÓ, Elza; CAVENAGHI, Suzana. Increasing adolescent and youth fertility in brazil: a new trend or a one-time event?In: ANNUAL MEETING OF THE POPULATION ASSOCIATION OF AMERICA, Philadelphia, Pennsylvania, 2005.

___; BARBOSA, R. M.; LIMA, L.P. Uso do preservativo: tendências entre 1998 e 2005 na população brasileira. *Revista de Saúde Pública / Journal of Public Health*, v. 42, p. 34-44, 2008.

BESLEY, T. et al. Gender quotas and the crisis of the mediocre man: theory and evidence from Sweden. *American Economic Review*, 2017.

BORBA, Angela; FARIA, Nalu; GODINHO, Tatau (Org.). *Mulher e política*: Gênero e feminismo no Partido dos Trabalhadores. São Paulo: Fundação Perseu Abramo, 1998.

BOLOGNESI, B.; PERISSINOTTO, R.; CODATO, A. Reclutamiento político en Brasil. Mujeres, negros y partidos em las elecciones federales de 2014. *Revista Mexicana de Ciencias Políticas y Sociales*, v. 61, p. 247-278, 2016.

BOSERUP, Ester, *Woman´s role in economic development*, StMartin´s Press, Inc. George Allen &Unwin Ltd., 1970.

BOURDIEU, Pierre. *A dominação masculina*. Rio de Janeiro: Bertrand Brasil, 2002.

BRASIL - Secretaria de Políticas para as Mulheres da Presidência da República (SPM/PR). *Relatório Anual Socioeconômico da Mulher*. Brasília, DF, 2013.

BUTLER, Judith. *Problemas de gênero:* feminismo e subversão da identidade. Rio de Janeiro: Civilização Brasileira, 2013.

CACCIAMALI, Maria Cristina; TATEI, Fábio. *A transposição do umbral da universidade*. São Paulo: LTr. 2012.

CAFÉ, Anderson Luiz; RIBEIRO, Núbia; PONCZEK, Leon. Construindo uma cartografia do poder sob as óticas de Michel Foucault e Pierre Bourdieu. *Revista Saberes*, Natal, v. 1, n. 14, p.238-262, out. 2016.

CALDWELL, Kia Lilly. Fronteiras da diferença: raça e mulher no Brasil, em *Estudos Feministas*, Florianópolis, CFH/CCE, Universidade Federal de Santa Catarina (UFSC), v. 8, n. 2, 2000.

CAVALCANTE, Pedro; CARVALHO, Paulo. The professionalization of Brazilian federal bureaucracy (1995-2014): advances and dilemas. *Rev. Adm. Pública*. vol. 51, n. 1. fev., 2017.

CAVENAGHI, S.; ALVES, J. E. D. Quem vota em quem: um retrato das intenções de voto nas eleições para presidente em setembro de 2010. In: ALVES, J. E. D.; PINTO, C. R. J.; JORDÃO, F. (Org.). Mulheres nas eleições 2010. São Paulo: ABCP/SPM, 2012.

___; BERQUÓ, Elza. Perfil socioeconômico e demográfico da fecundidade no Brasil de 2000 a 2010. In: ___; ___ (Org.). *Comportamiento reproductivo y fecundidaden América Latina:* una agenda inconclusa. Alap: 2014. Serie e-Investigaciones n. 3.

CANO, Gabriela; VAUGHAN, Mary Kay; OLCOTT, Jocelyn (Org.). *Género, poder y política en el México posrevolucionario.* México: Fondo de Cultura Economica./FCE/UAM–Iztapalapa, 2006.

COSTA, Albertina de Oliveira. Movimento feminista e Estado: demandas, conquistas e desafios. In: MINELLA, Luzinete S.; ASSIS, Glaucia de O.; FUNCK, Susana B. (Orgs.) *Políticas e Fronteiras – Desafios Feministas*, Tubarão, SC, Ed. Copiart, v. 2, 2014.

___; BRUSCHINI, Cristina (Orgs). *Uma questão de gênero.* Rio de Janeiro: Rosa dos Tempos/ São Paulo: Fundação Carlos Chagas, 1992.

CRONIN, Ciaran. Bourdieu and Foucault on power and modernity. *Philosophy and social criticism.* v. 22, n. 6, p. 55-85, 1996.

DAFLON, Veronica Toste; BORBA, Felipe; THOMÉ, Débora. *Manifestações do feminismo: expressões da luta feminista no 8 de março*, In: Encontro Anual da Anpocs, 41. Rio de Janeiro: Caxambu, 2017.

DAHAS, Nashla, Entrevista com Judith Butler. *Revista de História da Biblioteca Nacional*, ano 10, n. 113, fev. 2015.

DAVIS, Angela. *Mulheres, raça e classe.* São Paulo: Boitempo, 2016.

DUARTE, Constância Lima. *Nísia Floresta:* vida e obra. Natal: Editora Universitária da UFRN, 1995.

FAORO, Raymundo. *Os donos do poder* – formação do patronato político brasileiro. Porto Alegre: Editora Globo, 2001.

FARAH, Marta Ferreira. Gênero e políticas públicas. *Estudos Feministas*, Florianópolis, v. 12, n. 1, jan.-abr. 2004.

FEITOSA, Fernanda. A participação política das mulheres nas eleições de 2010: panorama geral de candidatos eleitos. In: ALVES, J. E. D.; PINTO, C. R. J.; JORDÃO, F. (Org.). *Mulheres nas eleições 2010*. São Paulo: ABCP/SPM, 2012. p. 139-166.

FOLGUERA, Pilar (Coord.) *Nuevas perspectivas sobre la mujer*: actas de lãs Primeras Jornadas de Investigación Interdisciplinaria. In: SEMINARIO DE ESTUDIOS DE LA MUJER. Espanha, Universidade Autônoma de Madri, 1982.

FOUCAULT, Michel. *Microfísica do poder*. 3.ed. Organização e introdução de Roberto Machado. Rio de Janeiro: Graal, 1982.

FRANCESCHET, S. Promueven las cuotas de gênero los interesses de las mujeres? El impacto de las cuotas en la representacion substantiva de las mujeres. In: TOBAR, M. (Ed.). *Mujer y política*. El impacto de las cuotas de genero em America Latina. Santiago, Catalonia. 2008.

FRASER, Nancy. Mapeando a imaginação feminista: da redistribuição ao reconhecimento e à representação. *Revista Estudos Feministas*, v. 15, n. 2, p.291-308, maio-ago, 2007.

GARCIA, Camila Cristina. *Breve história do feminismo*. 3. ed. São Paulo: Editora Claridade, 2015.

GATTO, Malu. The variation of quota designs and their origins in Latin America (1991–2015). In: DOŠEK, T. et al. (Eds.). *Women, Politics, and Democracy in Latin America*, p. 45-65, 2017.

GOLDMAN, Wendy. *Mulher, estado e revolução*. São Paulo: Boitempo Editorial, 2014.

GOLDSCHMIDT-CLERMONT, L. Unpaid work in the household: a reviview of economic evelution methods. Genebra: ILO, 1982.

GONZALEZ, Lélia, Mulher negra. In: NASCIMENTO, Elisa L. (Org). *Guerreiras da natureza*. São Paulo: Selo Negro Edições, 2008.

____; HASENBALG, C. *O movimento negro na última década*. Lugar de negro. Rio de Janeiro: Marco Zero, 1982.

GRINBERG, Keila. *Liberata – a Lei da Ambiguidade:* as ações de liberdade da Corte de Apelação do Rio de Janeiro. Rio de Janeiro: Relume Dumará, 1994.

HASENBLAG, Carlos (Org.). *Discriminação e desigualdades raciais no Brasil*. Rio de Janeiro: Graal, 1979.

HINOJOSA, M. *Increasing women's representation in politics*. 2012. Disponível em: <http://www.americasquarterly.org/increasing-womens-representation-in-politics>. Acesso em: 10 jul. 2017.

HOOKS, Bell. *Ensinando a transgredir:* a educação como prática de liberdade. São Paulo: Martins Fontes, 2013.

HTUN, M. What it means to study gender and the State. *Politics and Gender*, n. 1, p. 157-166, 2005.

____; LACALLE, M. MICOZZI; J. P. Does Women's presence change legislative behavior? Evidence from Argentina. *Journal of Politics in Latin America* v. 2, n. 1, p. 95-125, 2013.

ILHA, F. TSE apura 16 mil candidatos sem voto e uso de "laranjas" para cumprir cota feminina 2016 Disponível em: <https://noticias.uol.com.br/politica/ultimasnoticias/2016/12/14/ministerio-publico-investiga-128-candidatas-que-nao-receberamnenhum-voto-no-rs.htm>. Acesso em: 5 de jun. 2017.

INSTITUTO BRASILEIRO DE GEOGRAFIA E ESTATÍSTICA (IBGE). *Estatística de gênero, uma análise dos resultados do Censo Demográfico de 2010*. Coordenação de População e Indicadores Sociais, 2014.

____. *Síntese de indicadores sociais* – uma análise das condições de vida da população brasileira, Rio de Janeiro, 2016.

ITABORAÍ, Nathalie Reis. *Mudança nas famílias no Brasil (1976-2012):* uma perspectiva de classe e gênero. Tese (doutorado em sociologia). Iesp-Uerj; 2015.

____; RICOLDI, Arlene. *Até onde caminhou a revolução de gênero no Brasil.* Implicações demográficas e questões sociais. Abep, 2016.

IVERSEN, Torben; ROSENBLUTH, Frances. *Women, work, and politics:* the political economy of gender inequality. Yale University Press, 2011.

JESUS, Carolina Maria de. *Quarto de despejo:* diário de uma favelada. 10. Ed. São Paulo: Ática, 2014.

JORNAL FÊMEA, Centro Feminista de Estudos e Assessoria – Brasília/DF, ano XIV, n° 168, jan./fev./mar. 2011.

KERGOAT, D. Divisão sexual do trabalho e relações sociais de gênero. In: HIRATA, H. et al. (Orgs.). *Dicionário crítico do feminismo.* São Paulo, Unesp, 2009.

KROOK, M. L. La adopción e impacto de las leyes de cuotas de género: una perspectiva global. In: TOBAR, M. Ed. *Mujer y politica.* El impacto de lascuotas de gênero em America Latina. Santiago: Catalonia, 2008.

MACKINNON, Catherine A. Feminismo, marxismo, método e o Estado: Uma agenda para a teoria. *Direito & Praxis.* Rio de Janeiro, v. 7, n. 15, 2016.

MARCÍLIO, Maria Luiza. *História da educação* – em São Paulo e no Brasil. São Paulo: Imprensa Oficial do Estado de São Paulo/ Instituto Fernand Braudel de Economia Mundial, 2014.

MARQUES, Teresa Cristina de Novaes. Elas também querem participar da vida pública: várias formas de participação política feminina entre 1850 e 1932. *Revista Gênero,* Niterói, UFF, v. 4, n. 2, 2004.

____. *Bertha Lutz.* Brasília, Câmara dos Deputados, Edições Câmara. 2016a. Série Perfil Parlamentar 73.

____. A regulação do trabalho feminino em um sistema político masculino, Brasil, 1932-1943. *Estudos Históricos,* Rio de Janeiro, v. 29, n. 59, p. 667-686, set.-dez. 2016b.

____; MELO, Hildete Pereira de. Os direitos civis das mulheres casadas no Brasil entre 1916 e 1962. Ou como são feitas as leis. *Estudos Feministas,* Florianópolis, v. 16, n. 2, maio-ago. de 2008.

MARTINE, George; ALVEZ, J. E.; CAVENAGHI, Suzana. *Urbanization and fertility decline:* cashing in on structural change. *Ieed.* Human Setllements Working Paper. 2013. Disponível em: <http://pubs.iied.org/10653IIED/?k=Martine+et+al>.

MATOS, Marlise. Teorias de gênero ou teoria de gênero? Se e como os estudos de gênero e feministas se transformaram em um campo novo para as ciências, *Estudos Feministas*, CHF/CCE/UFSC, v. 16, n. 2, 2008.

____. Apresentação do Centro do Interesse Feminista e de Gênero (CIFG) e Núcleo de Estudos e Pesquisas sobre a Mulher (Nepem). UFMG, 2016.

MELO, Hildete Pereira de. Um olhar de gênero sobre o sistema de concessão de bolsas de pesquisa no CNPq – 2001/2008, em Secretaria de Políticas para as Mulheres da Presidência da República (SPM). In: ENCONTRO NACIONAL DE NÚCLEOS E GRUPOS DE PESQUISA – PENSANDO GÊNERO E CIÊNCIAS, 2. Anais... Brasília, 4º anexo, 2010.

____. Dez anos de mensuração dos afazeres domésticos no Brasil, In: FONTOURA, Natália; ARAUJO, Clara (Orgs.). *Uso do tempo e gênero.* Rio de Janeiro: Uerj, 2016.

____; CASTILHO, Marta. Trabalho reprodutivo no Brasil: quem faz? *Revista de Economia Contemporânea,* Rio de Janeiro, Instituto de Economia, Universidade Federal do Rio de Janeiro, v. 13, jan-abr. 2009.

____; LASTRES, Helena. Ciência e tecnologia numa perspectiva de gênero: o caso do CNPq. In: SANTOS, Lucy W. dos; ICHIKAWA, Elisa Y.; CARGANO (Orgs). *Ciência, tecnologia e gênero:* desvelando o feminino na construção do conhecimento. Londrina: Iapar, 2006.

____. MARQUES, Teresa Cristina de Novaes. Partido Republicano Feminino – a construção da cidadania feminina no Rio de Janeiro. *Revista do IHGRJ,* 2000.

____; SOARES, Cristiane. Perfil das mulheres negras, 1992/2002. In: ENCONTRO NACIONAL DE ESTUDOS POPULACIONAIS DA ASSOCIAÇÃO BRASILEIRA DE ESTUDOS POPULACIONAIS (Abep), 15., Anais... Caxambu, 2006.

____, CONSIDERA, Claudio Monteiro; DI SABBATO, Alberto. Os afazeres domésticos contam. *Economia e Sociedade*, v. 16, n. 3 ano 31, p. 435-454, dez. 2007.

____; MARQUES, Teresa Cristina de Novaes. Mirtes Campos. Verbete, *Mov. Feminista*. In: CAMPOS, M. *Dicionário Primeira República*, Cpdoc/FGV, 2014. Disponível em: <cpdoc.fgv.br>, acesso em: 10 jul. 2016.

____ et al. *Mulheres na política*: tecendo redes, escrevendo histórias, transformando a realidade. Niterói: Alternativa, 2016.

MELO, Juliana Leitão e. *Jovens em mudança*: padronização e despadronização da transição para a vida no Brasil. Tese (doutorado em sociologia) – Iesp-Uerj. 2015.

MIGUEL, Luis Felipe. Mulheres e espaços de poder no Brasil. *Autonomia econômica e empoderamento da mulher: textos acadêmicos*. Brasília: Fund. A. de Gusmão, 2011, p. 139-155.

MILL, John Stuart; TAYLOR MILL, Harriet. A sujeição das mulheres, em Ensaios sobre a igualdade sexual, publicado em 1869 e editado no século XX pela The University of Chicago Press. *Revista Gênero*, UFF, v. 6, n. 2, e Volume 7, n. 1, 2006.

MITCHELL, Juliet. Mulheres a revolução mais longa. *Gênero*, Programa de Estudos Pós-Graduados em Política Social da Universidade Federal Fluminense (UFF), v. 6, n. 2, e v. 7, n.1, 2006.

NICHOLSON, Linda. Interpretando gênero. *Estudos Feministas*, CHF/CCE/UFSC, v. 8, n. 2, 2000.

OAKLEY, Ann. *Housewife*. Londres: Penguin, 1990.

PENA, Maria Valéria Juno. *Mulheres e trabalhadoras* – presença feminina na constituição do sistema fabril. Rio de Janeiro: Paz e Terra, 1981.

PENNA, Lincoln de Abreu. República Brasileira. Rio de Janeiro: Nova Fronteira, 1999.

PERROT, Michelle. *As mulheres ou os silêncios da história*. Trad. Viviane Ribeiro. Bauru: Edusc, 2005.

____. *Minha história das mulheres*. São Paulo: Contexto, 2007.

PISCITELLI, Adriana. Recriando a (categoria) mulher? In: ALGRANTI, L. (Org.). *A prática feminista e o conceito de gênero*. Campinas: IFCH/Unicamp, 2002. Textos Didáticos, n. 48.

PORTO, C. M. Os afazeres domésticos, trabalho doméstico remunerado e a proteção do Estado Democrático de Direito. *Revista do Observatório Brasil da Igualdade de Gênero*. Brasília, Secretaria de Políticas para as Mulheres da Presidência da República, dez. 2010.

ROSEMBERG, Fúlvia. Educação formal, mulher e gênero no Brasil contemporâneo. In: PISCITELLI, Adriana et al. (Orgs). *Olhares Feministas*. Brasília: Edições MEC/Unesco, 2009.

RUBIN, Gayle. The traffic of women. In: REITER, R. R. (Ed.). *Toward on anthropology of women*. Nova York: Monthly Review Press, 1975.

SAFFIOTI, Heleieth. *A mulher na sociedade de classes:* mito e realidade. Petrópolis: Vozes, 1976.

SANCHEZ, B. *Teoria política feminista e representação substantiva:* uma análise da bancada feminina da Câmara dos Deputados. Dissertação (mestrado). Universidade de São Paulo, 2016.

SANTOS, Fabiano; PAULA, Carolina; SEABRA, Joana. Cotas e movimentos sociais nas estratégias partidárias de inserção das mulheres na vida parlamentar. In: ALVES, J. E. D.; PINTO, C. R. J.; JORDÃO, F. (Org.). *Mulheres nas eleições 2010*. São Paulo: ABCP/SPM, 2012. p. 283-314.

SANTOS, Giselle Cristina dos Anjos. Os estudos feministas e o racismo epistêmico. *Revista Gênero*. Nuteg, Programa de Estudos Pós-Graduados em Política Social, UFF, v. 16, n. 2, primeiro sem. 2016.

SCOTT, Joan Wallace. Gênero: uma categoria analítica útil para análise histórica Gender. *Revista Gênero*, 1989.

SEYFERTH, Giralda. Etnicidade e cidadania: algumas considerações sobre as bases étnicas da mobilização política. *Boletim do Museu Nacional*, n. 42, 20 out. 1983.

SIMÕES, Renata D. O jornal "A Offensiva" e a mulher integralista. In: Encontro Regional de História, 16., Rio de Janeiro, Anpuh, 28 jul. a 1 ago. 2014.

SOARES, Cristiane; MELO, Hildete Pereira de; BANDEIRA, Lourdes Maria. O trabalho das mulheres brasileiras: uma abordagem a partir dos censos demográficos de 1872 a 2010. In: Encontro Nacional de Estudos Populacionais, 19., Anais... Abep, São Pedro, São Paulo, 24 a 28 de nov. de 2014.

SORJ, Bila. O feminismo na encruzilhada da modernidade e pós-modernidade. In: COSTA, A. O., BRUSCHINI, C. (Orgs.). *Uma questão de gênero*. Rio de Janeiro: Rosa dos Tempos; São Paulo: Fundação Carlos Chagas, 1992.

SPECK, B. W.; SACCHET, T. Patrimônio, instrução e ocupação dos candidatos: uma análise das candidaturas de mulheres e homens nas eleições gerais de 2010 no Brasil. In: ALVES, J. E. D.; PINTO, C. R. J.; JORDÃO, F. (Org.). *Mulheres nas eleições 2010*. São Paulo: ABCP/SPM, 2012. p. 167-206.

STOCKEMER, D. Why are there differences in the political representation of women in the 27 countries of the European Union? *Perspectives on European Politics and Society*, v. 4, n. 8, p. 476-493, 2008.

TOBAR, M. El impacto de las cuotas de gênero em América Latina. (Introdução). In: *Mujer y política*. Santiago: Catalonia, 2008.

VANDELAC, Louise, L´économie domestique à la sauce marchande...ou les évaluationsmonetaires du travail domestique. In: ___ et al. (Eds.). *Du travail et de lámour* – Les dessous de la production domestique. Quebec: Editions Saint-Martin Syros Alternatives, 1985.

VENTURA, Miriam. Saúde feminina e o pleno exercício da sexualidade e dos direitos reprodutivos. In: BARSTED, L. L., PITANGUY, J., (Orgs.). *O progresso das mulheres no Brasil 2003-2010*, Rio de Janeiro: Cepia, ONU Mulheres, 2011.

WYLIE, K.; SANTOS, P. a law on paper only: electoral rules, parties, and the persistent underrepresentation of women in Brazilian legislatures. *Politics & Gender*, v. 12, n. 3, p. 415-442, 2016.

WOLLSTONECRAFT, Mary. *A reivindicação dos direitos da mulher*. São Paulo: Boitempo Editorial, 2016.

WOOD, Ellen Meiksins. *Democracia contra o capitalismo* – a renovação do materialismo histórico. São Paulo: Boitempo Editorial, 2003.

XAVIER, Itamaragiba Chaves. O direito das mulheres à cidadania e à instrução pública, nos escritos de Condorcet. *Revista Didática Sistêmica*. Porto Alegre, v. 4, n. 1, 2012.

Sites

BBC BRASIL. <www.bbc.com/portuguese/brasil-36375406>.

CARTA ABIGAIL ADAMS. <http://www.history.com/this-day-in-history/abigail-adams-urges-husband-to-remember-the-ladies>.

GOUGES, Olympe. <http://gallica.bnf.fr/ark:/12148/bpt6k64848397>.

<http://data.worldbank.org/topic/gender>.

<http://unstats.un.org/unsd/gender/chapter1/chapter1.html>.

<http://www.dw.com/pt-br/candidatas-laranja-a-fal%C3%A1cia-da-inclus%C3%A3o-de-mulheres-na-pol%C3%ADtica-brasileira/a-37851664>.

AS AUTORAS

Hildete Pereira de Melo, paraibana/carioca, 3 filhos e 5 netos. Doutora em economia e professora associada da Universidade Federal Fluminense, desde 1973. Ativista feminista desde 1976, foi junto com outras colegas introdutora dos estudos sobre as mulheres e relações de gênero na universidade brasileira na segunda metade dos anos 1970 e editora da *Revista Gênero* (UFF) de 2004 a 2017. Foi diretora do Centro Internacional Celso Furtado de Políticas para o Desenvolvimento, diretora de associações acadêmicas, da Associação Brasileira de Estudos do Trabalho (Abet), em vários mandatos, da Associação Brasileira de Pesquisadores em História Econômica (ABPHE) e conselheira do Corecon/RJ. Autora de livros, artigos e capítulos de livros sobre história, econômica, desenvolvimento e economia fluminense, história das mulheres, mercado de trabalho e relações de gênero. Foi gestora de políticas públicas como coordenadora de Educação e Cultura e assessora do gabinete na Secretaria de Políticas para as Mulheres da Presidência da República nos anos 2009-2010 e 2012-2014. Participou nos últimos 48 anos das lutas narradas neste texto e orgulha-se de ser uma testemunha desta história.

Débora Thomé é escritora, mestre em ciência política e jornalista. Trabalha em várias frentes com temas que envolvem mulher e poder. Este é seu quarto livro. Antes dele, lançou *O Bolsa Família e a social-democracia* (FGV Editora, 2013), o infantil *Minha amiga Mila* (Autografia, 2016) e *50 Brasileiras incríveis para conhecer antes de crescer* (Editora Record, 2017). Entre 1998 e 2008, trabalhou como jornalista nos principais veículos de comunicação do país e posteriormente migrou para o mercado editorial. É fundadora do Mulheres Rodadas, primeiro bloco de carnaval feminista, que conquistou espaço na mídia internacional e contou com o apoio institucional da ONU Mulheres. Também deu aulas para mais de 300 futuras candidatas a prefeita e vereadora em um curso financiado pela Secretaria de Mulheres, em 2016. Atualmente, mora em Nova York, onde é *visiting scholar* na Universidade de Columbia.